La refonte du Code de procédure pénale

BIBLIOTHÈQUES DE DROIT

COLLECTION FONDÉE ET DIRIGÉE PAR JEAN-PAUL CÉRÉ

Cette collection a pour vocation d'assurer la diffusion d'ouvrages scientifiques sur des thèmes d'actualité ou sur des sujets peu explorés dans le domaine des sciences juridiques. Elle se destine notamment à la publication de travaux de jeunes chercheurs.

Dernières parutions

E. GINDRE, La dignité des personnes détenues dans les prisons des Outre-mer
M. DOS SANTOS, La gravité en droit international pénal
C. MENABE et J. LEONHARD (dir.), Réinsérer les femmes et les mineurs face au soupçon de danger terroriste
G. THOMAS, La répression du négationnisme
P. KEUBOU, La procédure pénale au Cameroun
J.P. CÉRÉ et L. GRÉGOIRE (dir.), Dix ans d'application de la loi pénitentiaire
J. FALXA (dir.), Coopération judiciaire internationale en matière pénale
C. MENABE et J. LEONHARD (dir.), Femmes, mineurs et terrorisme
V. LE TROUHER, Droit pénal des affaires et groupes de sociétés
N. JOUENNE-PEYRAT, L'encadrement pénal de la prostitution des mineurs
J.P. CÉRÉ, Droit disciplinaire pénitentiaire
H. HEDHILI-AZEMA, Droit disciplinaire pénitentiaire de la belle époque
M.C. GLOMET, Consommation de cannabis et droit pénal
C.A. VAZ-FERNANDEZ, Big data et intelligence artificielle au service de la sécurité intérieure en France
A. CHARRIAU, L'avenir du juge unique
M. MANET, Le devenir juridique de la dignité
M. GALLIMARD, L'incrimination de la zoophilie

Adeline Costes
Barbara Drevet

La refonte du Code de procédure pénale

L'Harmattan

5-7, rue de l'École polytechnique, 75005 Paris

www.harmattan.fr

ISBN : 978-2-336-42956-4
EAN : 9782336429564

PROPOS INTRODUCTIFS[1]

FARAH SAFI
Professeur agrégée de droit privé, Université Clermont Auvergne

« On va lancer dans les prochains jours un grand chantier de refonte de notre code de procédure pénale, en associant étroitement nos sénateurs et nos députés et nos deux commissions de lois » a fièrement annoncé le Président de la République le 26 octobre dernier en précisant qu'il s'agissait notamment de « changer ces règles » afin de faire en sorte qu'elles deviennent « plus simples et correspondent aux changements de la société tout en respectant les droits de tous et toutes ».

En bon élève, le garde des Sceaux annonça alors, le 5 janvier 2023, un plan d'action pour une refonte du code de procédure pénale devenu, selon les rédacteurs des rapports issus des États généraux, « illisible et inadapté ».

En réalité, entre l'annonce du premier et celle du second deux nouveautés majeures doivent être relevées : d'une part, alors que le Président de la République semblait

---

[1] Ces propos introductifs ont été prononcés à l'occasion d'un colloque organisé par l'association des doctorants et docteurs de l'ISCJ de l'Université de Bordeaux. Le style oral est maintenu. L'auteur profite de cette occasion pour remercier une nouvelle fois les organisatrices de ce colloque pour le plaisir d'avoir été associée à cette manifestation scientifique de haut niveau.

associer tout le monde à cette refonte, voici qu'on nous annonce que celle-ci sera faite par voie d'ordonnance, en écartant donc purement et simplement le pouvoir législatif. Et, surtout, d'autre part, alors que le Président Emmanuel Macron évoquait l'objectif majeur de changer les règles, et voilà que Monsieur Dupont-Moretti nous annonce une réécriture du code de procédure pénale à droit constant.

Ces propos introductifs ont alors vocation à rappeler quelques bases en droit et à revenir sur le sens des mots. L'intitulé de ce colloque nous oblige à nous soumettre à cet exercice : comment traiter de la refonte annoncée par nos hommes politiques sans comprendre ce qu'il faut entendre par refonte ? Plus précisément, peut-on parler de refonte lorsqu'il s'agit d'une codification à droit constant ? Le doute est permis.

Ce n'est d'ailleurs pas la première fois que l'on évoque la refonte du code de procédure pénale. On le sait, il était déjà question de sa refonte à la suite du rapport Léger ayant donné naissance à ce qu'on a dénommé l'avant-projet de code de procédure pénale[2] ? Il s'agissait, à l'époque, d'une réelle proposition de refonte, d'une révolution même, et en tout état de cause d'une réécriture pure et simple du code de procédure pénale supprimant le juge d'instruction au profit d'une procédure d'enquête « juridictionnalisée ».

Telle n'est absolument pas la finalité de la « nouvelle » refonte qui s'apparente plus à une réorganisation des dispositions du code de procédure pénale, ce qui est pour le moins décevant quand on se rappelle combien furent vantés les états généraux de la justice et la consultation dite

---

[2] V. Malabat, L'avant-projet du futur code de procédure pénale : refonte, simplification ou confusion des phases de la procédure pénale, AJ pénal 2010, p. 162.

citoyenne, et quand on entend parler de l'un des plus gros chantiers de réforme de la procédure pénale.

En réalité, la réforme annoncée par le nouveau plan d'action est tout sauf une refonte, et ce aussi bien lorsque l'on s'intéresse à ses finalités (I) qu'à ses modalités (II).

I- Les finalités de la refonte

La codification à droit constant ne devrait pas recevoir le vocable de codification[3], écrivait déjà le Professeur François Terré en 1962. En effet, la refonte est l'action de refaire pour améliorer. Cette action peut effectivement consister en un remaniement, un simple réagencement des dispositions, mais est-ce vraiment ce dont avait besoin notre code de procédure pénale ? Cela est d'autant plus vrai que les représentants politiques évoquent une « réécriture » de ce code, or réécrire n'est pas simplement remettre en ordre. De plus, on l'a dit, le Président avait annoncé un changement des règles or, là encore, changer n'est pas réaménager.

Ce qui est sûr c'est que la finalité principale de cette refonte est la simplification. Dans l'étude d'impact on lit qu'il s'agit « d'une simplification et modernisation sans précédent », d'une « réécriture formelle de l'intégralité du code de procédure pénale » qui constitue « une impérieuse nécessité ». On voit donc directement qu'il y a une différence entre une réécriture de fond du code de procédure pénale, et une réécriture formelle de ce code. C'est ce que le professeur Pascale Deumier appelle la « codification du

[3] F. Terré, Les problèmes de la codification à la lumière des expériences et des situations actuelles, in Études de droit contemporain, Paris, Ed. Cujas, T. 23, 1962, p. 183.

pauvre » qui « n'a conservé de l'idée de codification que sa nature d'outil formel censé rendre le droit plus accessible en opérant un rassemblement et un classement, mais elle a laissé en chemin sa nature d'instrument de réforme, d'où son appellation de « droit constant » »[4].

Or, une nouvelle fois, les finalités avancées par ce plan d'action et, plus récemment, par le projet de loi d'orientation et de programmation du ministère de la Justice 2023-2027 sont contradictoires. Deux remarques peuvent être avancées concernant l'objectif de simplification.

D'une part, une fois n'est pas coutume, cette nouvelle loi de simplification est en réalité source de nouvelles complexifications. Nous avons maintenant l'habitude de ce phénomène et de cette contradiction entre la finalité affichée et le résultat obtenu. N'était-ce pas déjà le cas à la suite de la loi du 23 mars 2019 de programmation 2018-2022 et de réforme de la justice ? L'objectif n'était-il pas déjà à l'époque de simplifier le droit ? Pourtant, depuis, la procédure pénale n'a eu de cesse de se complexifier – à un tel point que certains ont évoqué « une loi de complexification de la procédure pénale »[5] - en raison de l'éclatement des régimes, de la multiplication des règles dérogatoires, du rajout sans aucune harmonie ou cohérence de nouveaux alinéas dans des articles devenant illisibles en raison de leur longueur, de la mauvaise qualité de leur rédaction et des nombreux renvois qu'ils contiennent.

---

[4] P. Deumier, La simplification par codification à droit constant, in Qu'en est-il de la simplification du droit ?, Presses de l'université Toulouse 1 Capitole, actes du colloque des 26 et 27 novembre 2009.

[5] R. Lorrain et Ch. Ingrain, La loi de réforme pour la justice : une loi de complexification de la procédure pénale, in Réforme de la justice, Dalloz Grand Angle, 2019, p. 219.

Le même résultat est attendu aujourd'hui, et on ne devrait se faire aucune illusion sur l'espoir d'avoir une amélioration au niveau de la cohérence et de la meilleure lisibilité des dispositions du code de procédure pénale. Cette triste promesse découle avant tout du contenu du projet de loi programmation 2023-2027 qui, tout en prévoyant une codification à droit constant – ce qui signifie, on le rappelle, qu'il s'agit simplement d'un réaménagement purement formel des dispositions existantes à laquelle s'ajoute une codification de la jurisprudence constante – contient des articles réformant certaines procédures comme les perquisitions de nuit ou encore celles liées au témoin assisté, sans pour autant toucher aux dispositions du code de procédure pénale dont la modification a pourtant été annoncée, notamment celles liées aux enquêtes de flagrance et préliminaire[6].

Cela promet alors une production législative qui interviendrait sûrement à la suite de la soi-disant refonte du code de procédure pénale, avec de nouvelles dispositions qui vont trouver tant bien que mal leur place quelque part dans la nouvelle structure du « nouveau » code, au détriment d'une réelle harmonisation et logique d'ensemble. Est-ce raisonnable ? La simplification n'est-elle pas ici réduite à une restructuration du plan et à une reformulation des dispositions peu claires du code, tout en reportant l'étude de la plupart des questions de fond – donc de l'essentiel ! – à plus tard : la simplification reste donc une finalité, un objectif, voire un rêve difficile à réaliser faute de moyens…

---

[6] Comme le précise un auteur, « cet exemple suffit à démontrer l'ambiguïté de la frontière entre modification de fond et réécriture à droit constant, ainsi que la complexité de sa mise en œuvre », S. Pellé.

D'autre part, si simplifier est un objectif louable, il n'est pas inutile de revenir sur sa raison d'être et sur sa mise en œuvre. Comme le disait Portalis dans son célèbre discours préliminaire : « tout simplifier, est une opération sur laquelle on a besoin de s'entendre ».

Certes, il ne fait aucun doute que notre procédure pénale – comme notre droit en général – souffre aujourd'hui de plusieurs maux. Il n'est donc pas surprenant que des voix se lèvent pour réclamer des réformes et, plus précisément, s'agissant du code de procédure pénale, sa réelle refonte[7]. Toutefois, n'est-ce pas ce qui se passe depuis plusieurs décennies maintenant ? Est-il nécessaire de lister toutes les lois entrées en vigueur ces dix dernières années apportant des modifications à la procédure pénale – toujours dans l'objectif louable de simplification et de renforcement des garanties … - ? On retrouve d'ailleurs cette critique dans la récente étude d'impact qui précise que le code de procédure pénale est passé dans sa partie législative, depuis 1959, de 800 articles à 2400 articles, avec une accélération remarquée depuis 2008, puisque le nombre d'articles est passé pendant cette dernière période de 1722 à 2403 articles. Pourtant, simplification fait appel à une meilleure lisibilité, accessibilité et stabilité de la règle, c'est-à-dire à l'opposé de ce que nous subissons depuis de nombreuses années maintenant.

De plus, se questionner sur la raison d'être de la simplification permet de se demander si l'objectif de la

---

[7] P. Conte et F. Safi, Propos introductifs, in Dossier « Les 60 ans du code de procédure pénale », Dr. Pén. 2019, n° 4 : « Notre code de procédure pénale est malade : il souffre d'une altération qui touche à la fois la forme et le fond. Il se retrouve complétement défiguré en raison des nombreuses retouches qu'il a subies sans qu'aucune vue d'ensemble ne soit assurée, à un tel point qu'il semble aujourd'hui irrécupérable. 60 ans après, notre code de procédure pénale mérite donc d'être complètement reconstruit ».

simplification de la procédure pénale devrait réellement être, comme le prétendent certains représentants politiques, sa compréhension et son accessibilité à tous. Le code de procédure pénale est-il rédigé pour être lu et compris par « l'homme de la rue » ? L'expérience de la nouvelle rédaction des arrêts de la Cour de cassation devrait suffire pour nous permettre de conclure que loin de devenir plus simple, le droit n'a de cesse de se complexifier : il devient illisible et inaccessible aussi bien au professionnel qu'au citoyen.

S'il faut donc simplifier, il convient de simplifier différemment. Pour ce, il faut revenir aux bases : que faut-il simplifier ? Pour quelles raisons ? Et par quels moyens ?

Répondre à ces questions est central car, à défaut, simplification continuera à rimer paradoxalement avec complexification. Il faut donc simplifier, mais il ne faut pas simplifier à tout prix. D'où la question des modalités de la refonte.

II- Les modalités de la refonte

Il n'est sans doute pas inutile que nos représentants politiques révisent – découvrent pour certains ? – les fondamentaux d'un cours d'introduction au droit afin d'améliorer la qualité de la production législative. Citons une nouvelle fois Portalis qui pointait très clairement les risques de la mauvaise simplification : « nous n'avons donc pas cru devoir simplifier les lois, au point de laisser les citoyens sans règle et sans garantie sur leurs plus grands intérêts ». Censée renforcer nos droits et libertés, la simplification pratiquée depuis des années n'a de cesse d'y porter atteinte.

L'atteinte apparaît avant tout par la méthode adoptée. La multiplication du recours aux ordonnances ne devrait pas nous faire oublier que celui-ci constitue une atteinte à notre système démocratique voire à la légitimité même de la norme qui doit émaner du représentant du peuple élu par le suffrage universel. C'est sûrement la raison pour laquelle l'étude d'impact revient sur les justifications de légiférer par ordonnance. C'est principalement, nous dit-on, une impossibilité matérielle qui découle du nombre de dispositions concernées (plus de 3000 textes).

C'est ainsi que le choix d'une codification à droit constant s'est imposé, au regard des dérives liées à cette méthode antidémocratique : il était politiquement impossible, pour une matière aussi sensible et autant liée aux libertés fondamentales, de passer outre le pouvoir législatif en apportant des modifications de fond au code de procédure pénale. Bref, comme le précise un auteur[8], « après l'horizontalité des États généraux, la verticalité de l'ordonnance » avec un « court-circuitage de la démocratie représentative vraie » par « une sorte de commission mixte paritaire préalable et de ratification para-parlementaire de travaux extra-parlementaires ».

L'atteinte apparaît également à l'étude des outils de la simplification. Il semble que simplification ne rime plus seulement avec complexification mais, surtout, avec transfiguration de la procédure pénale. Censée être la matière phare protectrice des droits et libertés fondamentaux – le Professeur Conte ne disait-il pas qu'un cours de procédure pénale est un cours de libertés publiques

[8] F. Fourment, Refonte du code de procédure pénale ou réforme de la procédure pénale ?, Gaz. Pal. 2023, n° 16, p. 38.

bien fait[9] ? -, la simplification de la procédure ne semble possible que par la suppression des garanties de procédure et la multiplication des dérogations et des atteintes aux libertés fondamentales, au nom de l'accélération de la réponse pénale.

C'est le même leitmotiv qui revient tout le temps : il faut accélérer les délais de traitement des affaires. Accélérer la réponse pénale est une nécessité, mais par quel moyen ? Et à quel prix ? La fin justifie-t-elle ici tous les moyens ? La question est légitime puisqu'on lit dans le rapport issu de la commission sur la simplification du droit la proposition de permettre au parquet de valider certaines mesures sans la validation par un juge du siège garant des libertés individuelles. Les modalités de la simplification sont par conséquent source d'inquiétude. N'est-ce pas pour aller plus vite (pour une justice efficace nous dit-on !) que le régime de la criminalité organisée en matière de perquisitions nocturnes sera, *a priori*, généralisé à tous les crimes flagrants ? N'est-ce pas également pour cette même raison que l'on autorisera d'activer à distance un appareil électronique appartenant à la personne mise en cause aux fins de géolocalisation et de captation de sons et d'images – n'importe lequel, surveillez vos babyphones si vous avez des enfants ! - ?

Simplifier, à notre époque, passe par la transformation du service public de la justice en une entreprise privée où c'est le rapport qualité-prix dans une optique managériale qui prime. Cela se traduit par le contournement du juge – tout est fait pour éviter le plus possible une action en justice, et non pas seulement en matière pénale –, par l'incitation au recours au numérique - la justice « zéro papier » pour plaire

9 V. V. Valette, Le cours de procédure pénale : un cours de libertés publiques bien fait ?, in Mélanges en l'honneur du Professeur Ph. Conte, 2023, Lexinexis, p. 885 et s.

aux écologistes –, par la suppression du jury populaire, par l'accroissement des pouvoirs du parquet, de la police judiciaire et, pire, des préfets, par le recul du contradictoire et des droits de la défense, bref, par une justice moins juste. Il est d'ailleurs frappant de souligner qu'aucun des rapports, études ou projets présentés ne semble s'intéresser à cette idée de rendre une justice « juste ». On parle d'accélération, d'efficacité, de rapidité, de fluidité, mais l'essence même de ce service qui est de rendre justice, dans le respect des droits et libertés fondamentaux ne semble intéresser personne. N'est-ce pas par exemple, au nom de la simplification, qu'une circulaire récente a incité les préfets à faire recours aux mesures coercitives que les dernières lois liberticides leur ont confiées, tout en annonçant des travaux pour une simplification de la procédure de ce pouvoir de dérogation aux normes ?

Tout cela montre que la simplification annoncée de notre procédure pénale est, sans surprise, loin d'être sa simplification espérée et que la refonte du code de procédure pénale n'en est pas vraiment une. Il s'agit, une nouvelle fois, d'une illusion de simplification, accompagnée de grands discours, de grandes paroles, et suivie de peu d'actes concrets. Ce qui manque surtout c'est une analyse d'ensemble du fond et de l'esprit de nos règles de procédure. Pourtant, le constat de l'échec des différentes tentatives de simplification devrait suffire pour convaincre les hommes politiques qu'ils auront beau prononcer tous les discours qu'ils veulent, et refondre le code de procédure pénale dix mille fois, aucune simplification et aucune amélioration de notre justice n'auront lieu sans se concentrer sur deux points principaux : tout d'abord, accepter de lui fournir les moyens humains et financiers pour permettre aux magistrats de travailler dans de bonnes conditions et, ensuite, de définir d'une manière claire une politique pénale cohérente, tout en gardant en tête qu'un pays comme la France ne peut se permettre de sacrifier, au nom de la répression et de l'objectif de l'efficacité, les garanties procédurales les plus élémentaires.

Or, ce discours n'est évidemment pas audible aujourd'hui, ce qui est d'autant plus inquiétant que le virus de simplification à tout prix a atteint le juge pénal, qui se permet désormais, au nom de la simplification et en raison de la prétendue rigidité de la norme – rigidité qu'il aura évidemment lui-même évaluée -, d'écarter l'application d'une règle prévue par le code de procédure pénale par son arme fatale de contrôle de proportionnalité. Inutile alors de simplifier le code de procédure pénale que ce soit par voie d'ordonnance ou par une réelle refonte démocratique touchant aux règles de fond, puisque se trouvera toujours derrière un juge pour se demander un jour, en opportunité, si appliquer la norme ne reviendrait pas à faire preuve de trop de rigidité et d'un formalisme excessif[10]…

D'une manière contradictoire, la simplification nous promet donc, à la fois, une justice sans juge avec la marginalisation du juge d'instruction enterré vivant, la multiplication des alternatives aux poursuites et les superpouvoirs octroyés au parquet, et, une justice entre les mains du juge qui aura en fin de compte, grâce au contrôle de proportionnalité, le dernier mot sur le sort d'un texte pénal[11]. Ne faisons donc pas les choses à moitié, simplifions notre droit une fois pour toutes en optant pour une réelle

---

[10] S. Detraz, Le « formalisme excessif » dans la jurisprudence de la chambre criminelle de la Cour de cassation, in Mélanges en l'honneur du Professeur Philippe Conte, Lexinexis, 2023, p. 345 et s.

[11] Voir sur ce sujet le dossier sur les nouvelles figures du juge pénal, Revue Droit pénal, 2023, n° 5, et plus précisément : F. Safi, Le juge pénal de demain, un juge créateur ?

refonte de notre procédure pénale, c'est-à-dire pour une procédure pénale sans code[12] !

L'espoir d'une réelle refonte à l'initiative de nos représentants politiques étant donc minime, gageons que les actes de ce colloque puissent prendre le relais. La refonte du code de procédure pénale se fera peut-être, à l'université, grâce à la nouvelle génération et à ces nouveaux talents – les jeunes doctorants et docteurs - et espoirs dont la valeur réside dans la qualité scientifique de leur réflexion et non dans leurs titres ou dans le nombre d'années d'exercice dans tel ou tel ordre ou tel ou tel ministère.

---

[12] « La procédure pénale est davantage malade des avalanches de lois bavardes et techniciennes que de son code. Au demeurant, à quoi bon un code quand il n'y a pas de grand dessein qui le sous-tende ? », F. Fourment, préc.

PREMIERE PARTIE

LA SIMPLIFICATION DE LA PROCEDURE PENALE

L'UNIFICATION DES CADRES D'ENQUETE ?

TIMOTHEE DAVID
Docteur en droit privé et sciences criminelles
de l'Université de Bordeaux

A l'issue des États généraux de la Justice, l'une des propositions ayant particulièrement retenu l'attention est celle de l'unification des cadres d'enquête. Alors, avant d'aborder les aspects techniques de cette unification, il convient de s'attarder sur ses enjeux. L'unification est le procédé qui tend à unir, à faire un tout de plusieurs entités[1]. C'est également le fait de rendre unique, uniforme, cohérent. C'est ainsi que parler de cadres d'enquête peut inviter à s'interroger sur leur unification compte tenu de la diversité de ces cadres. Le cadre d'enquête est, à l'image de la bordure de bois dans laquelle on place un tableau, ce qui limite l'action de quelqu'un, de quelque chose, ce qui circonscrit un sujet[2]. La suspicion d'une infraction est ainsi susceptible de conduire à différents cadres d'enquête : l'enquête préliminaire, l'enquête de flagrance (ou assimilée) et l'instruction.

Cette question de l'unification des cadres d'enquête n'est pas nouvelle. Il serait ainsi possible de se poser la question, plus que de l'unification, de la réunification des cadres d'enquête. Historiquement, l'enquête n'existait pas

---

[1] Encyclopédie Le Littré, Dir. BLUM C., *Ed. GARNIER, 2007*, Volume 20, Voir « unification » p. 207
[2] *Ibid.*, Volume 3, Voir « cadre » p. 62

et elle reposait uniquement sur la victime ou l'accusateur privé qui devait rapporter au juge la preuve d'une infraction[3]. L'enquête préliminaire que nous connaissons aujourd'hui est notamment le fruit d'une évolution progressive. L'ordonnance de Villers-Cotterêts de 1539 a ainsi consacré l'office du juge d'instruction, juge unique ayant la charge de recoller les preuves, entendre les témoins et préparer l'affaire pour être jugée. Pourtant, si un juge avait pour office d'enquêter, il ne pouvait le faire qu'une fois une plainte déposée et la pratique avait d'ores et déjà développé des moyens afin de s'assurer de recueillir des preuves autrement. C'est ainsi que rapidement, des délégations judiciaires ont été mises en place afin de permettre aux sergents, notaires et greffiers d'aller réceptionner des plaintes, se transporter sur les lieux ou auditionner les témoins. Ces tâches de police judiciaire étaient logiquement dévolues aux baillis et sénéchaux.

L'ordonnance criminelle de 1670 instaurait des auxiliaires des procureurs du Roi qui devaient chevaucher sans cesse dans l'étendue de leur ressort à la recherche des gens mal vivants[4]. Seuls les juges disposaient du pouvoir de réaliser des actes de police judiciaire, mais leurs auxiliaires obtenaient une compétence en la matière en cas de flagrant délit. La création de l'enquête de flagrant délit prenait donc corps. Ils obtenaient l'assistance de la gendarmerie nationale lors de la Révolution de 1789 pour les infractions commises hors des villes.

Le Code d'instruction criminelle de 1808, de son côté, distinguait la police de la phase antérieure au jugement. Il instaurait la recherche des preuves en matière

---

[3] MATSOPOULOU H., *Les enquêtes de police*, *LGDJ*, Bibliothèque des sciences criminelles, n° 32, 1996, p. 1 et suivantes.

[4] *Ibid.*, p. 3

de flagrance mais ne réglementait pas les actes de l'enquête officieuse[5].

Le Code de procédure pénale de 1958 hérite donc de ces divisions successives des cadres d'enquête conduisant à ce que nous connaissons désormais avec une enquête préliminaire, une enquête de flagrance et une phase d'instruction.

Les évolutions successives du Code de procédure pénale ont alors conduit, nous y reviendrons, à rapprocher ces cadres d'enquête. Après la distinction, la réunification ?

Ainsi, la commission DELMAS-MARTY, proposait déjà en 1991[6] de supprimer la distinction des enquêtes préliminaire et de flagrance. Elle proposait également de confier les auditions et interrogatoires au Ministère Public, restreignant de fait les pouvoirs du juge d'instruction, qui devait voir augmenter son pouvoir juridictionnel en statuant sur la régularité des procès-verbaux d'audition notamment.

La commission LEGER constituée à l'initiative de la Garde des Sceaux Rachida DATI en 2009, poursuivait avec, parmi ses mesures phares, la suppression du juge d'instruction et la simplification du Code de procédure pénale. Néanmoins, cette simplification passait essentiellement par un regroupement des textes[7] au sein d'un même chapitre, s'agissant plus particulièrement de la garde à vue dont les régimes sont communs. Il était néanmoins préconisé de maintenir la distinction des enquêtes.

La commission BEAUME, plus récente, relevait que les « abolitionnistes », quoique régulièrement

---

[5] GARRAUD, *Traité théorique et pratique d'instruction criminelle et de procédure pénale*, T. I, Paris, 1907, n° 59

[6] « La mise en état des affaires pénales », *rapports du Ministère de la Justice*, Commission justice pénale et droits de l'Homme, dir. DELMAS-MARTY M., 1991, p. 181 et s.

[7] Rapport du Comité de réflexion sur la justice pénale, Dir. LEGER P., 2009, p. 28

représentés par les différents rapports, n'avaient jamais été suivis par une unification concrète des cadres d'enquête[8]. Il était proposé, plutôt que de supprimer la distinction, de clarifier le cadre de l'enquête de flagrance, notamment les termes de clameur publique et les délais. La mission a également constaté l'existence d'un véritable « troisième cadre » d'enquête constitué par les enquêtes dérogatoires de criminalité organisée et de terrorisme[9].

C'est enfin la mise en place des États Généraux de la Justice qui a conduit, en 2021 et 2022, à ce que soit rendu un rapport sous la présidence de Monsieur Jean-Marc SAUVE[10]. Ce rapport énonce que les membres du comité sont globalement favorables au maintien du juge d'instruction mais qu'ils s'interrogent sur la pertinence d'un système pénal dans lequel les garanties maximales ne s'appliquent qu'à 3% des affaires et sont ainsi favorables à une conduite de l'enquête par le parquet[11]. Néanmoins, le remplacement du juge d'instruction par le juge de l'enquête n'est possible qu'à la condition de la mise en place d'une véritable étude d'impact[12] d'une telle mesure et d'une réflexion plus aboutie, que n'avait pu mener le comité. Elle conclut en revanche à la nécessité de simplifier le Code de procédure pénale.

Compte tenu de ces éléments, la réflexion autour de la réunification des cadres d'enquête semble avoir atteint son apogée et peut-être est-il venu le temps pour le législateur d'enfin se poser la question de savoir qui du

---

[8] Rapport sur la procédure pénale, BEAUME J., 2014, p. 14

[9] *Ibid.*, p. 15

[10] « Rendre justice aux citoyens », Rapport du comité des États généraux de la justice (octobre 2021 – avril 2022), Dir. SAUVE J.-M., 2022

[11] *Ibid.*, p. 198

[12] *Ibid.*, p. 200

parquet ou du juge d'instruction doit avoir la direction de l'enquête. A défaut de faire l'objet d'une attente unanime de la doctrine et des praticiens, la réunification des cadres d'enquête est néanmoins inéluctable du fait de la complexité actuelle du Code de procédure pénale et de ses nombreuses évolutions.

Ainsi, très simplement, il conviendra de faire un état des éléments favorables à une unification des cadres d'enquête avant d'envisager les conséquences et procédés de cette unification. C'est ainsi que nous aborderons dans un premier temps les justifications de l'unification des cadres d'enquête (I) et dans un second temps les conséquences de l'unification des cadres d'enquête (II).

I- Les justifications de l'unification des cadres d'enquête

La justification de l'unification des cadres d'enquête repose sur deux éléments. Ainsi, la procédure pénale a évolué au regard de son organisation. Notamment, la garde à vue est passée de l'acte indispensable à toute procédure à l'unique moyen de parvenir à l'un des objectifs visés par l'article 62-2 du Code de procédure pénale. Cette modification de la garde à vue n'est qu'une illustration de l'évolution de l'enquête qui repose désormais pleinement entre les mains du procureur de la République. L'enquête préliminaire a également vu son régime considérablement évoluer. Les justifications de l'unification des cadres d'enquête reposent donc sur une évolution de l'organisation de l'enquête (A) et sur une évolution des modes de preuve mis en œuvre durant l'enquête (B).

A- Une évolution de l'organisation de l'enquête favorable à l'unification

S'agissant de l'évolution de la pratique de l'enquête c'est la loi du 14 avril 2011 qui met fin à la garde à vue sanction qui consistait à placer en garde à vue toute personne suspectée d'avoir commis ou tenté de commettre une infraction[13]. La loi a ainsi entendu limiter la finalité de la garde à vue à des objectifs identifiés et restreindre également sa réalisation à des infractions suffisamment graves, en l'occurrence punies d'une peine d'emprisonnement. L'objectif est alors notamment de permettre la réalisation d'investigations ou de présenter l'individu à un magistrat. Cette pratique tend à faire de la garde à vue le point final de l'enquête et non plus son commencement, ce qu'a notamment souhaité conforter la loi du 27 mai 2014 instaurant une déclaration des droits du suspect et renforçant l'audition libre afin de créer un véritable statut du « suspect libre »[14].
Or, un tel glissement n'est pas anodin. C'est l'officier de police judiciaire qui décide du placement en garde à vue, sous le contrôle du procureur de la République, ce qui signifie que, si l'enquête est aboutie lorsqu'il est décidé de la garde à vue, celle-ci pourra vraisemblablement servir à finaliser la procédure en vue de l'orientation de l'affaire par un audiencement ou une alternative aux poursuites.

Le développement des modes de réponse pénale à courts délais est ainsi considérable : convocation par

---

[13] Sur ce point, voir notamment : Rapport d'information n° 353 (2007-2008), La protection du droit et des libertés fondamentales en France, un cycle d'auditions de la commission des lois, Audition de M. Roger BEAUVOIS, Président de la commission nationale de déontologie de la sécurité, mercredi 16 avril 2008

[14] LEROY J., « Art. 53 à 73 – Fasc. 30 : Garde à vue », *JCP proc. pén.*, LexisNexis, not. n° 41

procès-verbal, comparution immédiate, et plus récemment en 2019, la comparution à délai différé qui permet de donner au prévenu la date à laquelle il sera entendu par le Tribunal et d'organiser un contrôle judiciaire, une assignation à résidence sous surveillance électronique ou un placement sous détention provisoire. En somme, on retrouve ici, ce qui était l'un des apanages de l'instruction.

La pratique du parquet national financier est également particulièrement révélatrice de cette tendance. Ainsi, la majorité des enquêtes sont confiées au ministère public, ce qui ne cesse d'augmenter, les dernières réformes instaurant, non pas des juridictions d'instruction spécialisées mais des parquets spécialisés. Certes, ils peuvent bénéficier de juges d'instruction spécialisés, mais l'instauration d'un parquet national financier défavorable à l'instruction[15] – ou du moins favorable à une saisine directe des juridictions de jugement – conforte cette tendance. De même, la création du parquet national antiterroriste a instauré un parquet autonome, s'appuyant sur le pôle de l'instruction du Tribunal judiciaire de PARIS, éventuellement sur un magistrat de la JIRS[16], mais il n'est pas créé une juridiction d'instruction dédiée, avec des postes spécialisés, alors même qu'il aurait pu être fait le choix d'organiser l'enquête autour des juges d'instruction, avec une équipe resserrée du ministère public pour orienter les affaires.

L'objectif du parquet n'est pas de choisir, à la fin de l'enquête, s'il souhaite saisir le juge d'instruction mais plutôt d'avoir des enquêtes bien menées, le juge d'instruction intervenant lorsqu'il est obligatoire (crime) ou

---

[15] Parquet national financier – Premier bilan du parquet national financier, entretien, *Dr. Pén.*, n° 7-8, juillet 2015

[16] *C. proc. Pén.*, art. 706-17

indispensable au regard du temps long de l'enquête qu'il conviendra d'organiser. Une telle pratique risque néanmoins de poser des difficultés au regard du droit au contradictoire et de l'organisation des droits de la défense, et plus particulièrement du principe de loyauté, ce qui est actuellement discuté notamment dans des affaires ayant pu impliquer le Garde des Sceaux et dont les délais de l'enquête peuvent poser question quant à leur durée et à leur aspect dissimulé.

Ce développement considérable des attributions du ministère public n'a pas été sans poser quelques questions au regard des principes d'indépendance et d'impartialité. Néanmoins, le constat du rapport SAUVE interpelle[17] : le ministère public n'a pas besoin d'être un magistrat pour exercer l'action publique. Il relève qu'il y a donc des garanties plus importantes en France. Force est de constater qu'en Allemagne (nouveau modèle pour les réformes de notre procédure ?) le ministère public est composé de fonctionnaires[18]. C'est en ce sens que de nombreux pays ont abandonné l'institution du juge d'instruction.

La France a fait le choix de conserver un ministère public composé de magistrats, et afin de justifier de son rôle dans le cadre de l'enquête, a entendu le doter des mêmes garanties que le juge d'instruction. Ainsi, l'article 31 du Code de procédure pénale dispose-t-il que le ministère public exerce l'action publique et requiert l'application de la loi, dans le respect du principe d'impartialité auquel il est tenu. L'article 39-3 ajoute qu'il veille à ce que les investigations tendent à la manifestation de la vérité et qu'elles soient accomplies à charge et à décharge, dans le

---

[17] « Rendre justice aux citoyens », Rapport du comité des États généraux de la justice (octobre 2021 – avril 2022), préc., p. 197
[18] *Ibid.*

respect des droits de la victime, du plaignant et de la personne suspectée.

Pour finir, l'article 41 constitue l'apogée de cette incohérence : le procureur de la République procède ou fait procéder à tous les actes nécessaires à la recherche et à la poursuite des infractions à la loi pénale, ce qui constitue une version similaire de l'article 81 et a d'ailleurs donné lieu à une jurisprudence abondante, notamment sur la géolocalisation, en raison de l'interprétation extensive de cet article. Néanmoins, l'article poursuit en lui donnant tous pouvoirs et prérogatives attachés à la qualité d'officier de police judiciaire.

En pratique, le constat du rapport SAUVE est une évidence. Oui, le procureur de la République apporte toutes les garanties nécessaires à l'exercice des poursuites et à la direction de l'enquête. Il a suivi la même formation que les magistrats du siège et présente des garanties similaires (sous réserve notamment d'une réforme constitutionnelle tant attendue). La difficulté survient, d'un point de vue théorique, lorsque l'on cherche à en faire un magistrat indépendant et impartial. Or, le ministère public ne saurait être indépendant, le sens de l'indépendance n'étant autre que de pouvoir se déterminer seul, sans être sous l'influence de quelqu'un d'autre, ou lié à quelque chose… ce qui n'est pas le cas du ministère public qui se trouve être la partie poursuivante et donc sera lié du moins en apparence à la victime et à l'État.

Néanmoins, force est de constater que le ministère public a acquis un rôle et un statut qui en font un directeur de l'enquête évident. La pratique des parquets conduit de plus en plus souvent à substituer les cabinets d'instruction, bien souvent surchargés d'ailleurs. Le seul frein restant est alors celui de l'étendue des prérogatives du procureur de la République, puisque les freins au regard des actes d'enquête semblent également avoir été levés.

B- Une évolution des modes de preuve favorable à l'unification

Originellement, l'enquête préliminaire et l'enquête de flagrance étaient des cadres d'enquête bien distincts. Ainsi, l'enquête de flagrance est définie à l'article 53 du CPP comme l'enquête à la suite de la constatation d'un crime ou d'un délit flagrant, menée sous le contrôle du procureur de la République dans les conditions prévues par le présent chapitre et pouvant se poursuivre sans discontinuer pendant une durée de huit jours, portée sur décision du procureur à 16 jours.

Le chapitre 1er intitulé : des crimes et des délits flagrants, organisait alors une enquête de la contrainte, qui permettait aux officiers de police judiciaire de recourir à des actes restrictifs ou privatifs de liberté. L'article 73 du Code de procédure pénale en est ainsi l'illustration parfaite : en cas de crime flagrant ou de délit flagrant puni d'une peine d'emprisonnement, toute personne a qualité pour en appréhender l'auteur et le conduire devant l'officier de police judiciaire le plus proche.

A cette enquête de la contrainte, on opposait l'enquête consentie[19] : l'enquête préliminaire, définie à l'article 75 du Code de procédure pénale comme l'enquête diligentée sur instruction du procureur de la République ou d'office. Elle est donc d'exercice libre, ce qui avait conduit le législateur à prévoir à l'article 76 que les perquisitions, visites domiciliaires et saisies de pièces à conviction ne pouvaient

[19] GUINCHARD S. et BUISSON J., *Procédure pénale*, LexisNexis, 14ème éd. 2021, p. 692 et s.

être effectuées sans l'assentiment exprès de la personne chez laquelle l'opération avait lieu.

Cette exigence d'un consentement conduisait même certains à s'interroger sur la possibilité d'appliquer la théorie des vices du consentement à cet assentiment qui devait être donné par le suspect[20]. Des garanties ont ainsi été développées, avec l'exigence notamment d'un accord écrit de la main de la personne, la Cour de cassation devant être en mesure de s'assurer que cet assentiment a été donné sans contrainte et en toute connaissance de cause, notamment de l'absence de toute instruction ouverte à l'encontre de la personne[21].

Néanmoins, il a très vite été introduit une dérogation à cette limitation des pouvoirs des enquêteurs. Ainsi, depuis 2004, le juge des libertés et de la détention peut autoriser, par décision écrite et motivée, la réalisation d'une perquisition et saisie au domicile d'un suspect, pour une infraction dont la qualification est déterminée, la perquisition ne pouvant avoir un autre objet que la constatation des infractions visées par l'autorisation. Progressivement, cette autorisation, qui était limitée aux seules infractions punies d'une peine d'emprisonnement supérieure ou égale à 5 ans, est passée à des infractions supérieures ou égales à 3 ans, soit une grande majorité des infractions.

Il résulte de cette évolution de l'enquête préliminaire que celle-ci ne peut plus réellement être qualifiée d'enquête consentie. Tout au plus faut-il y voir une distinction avec d'un côté une enquête de flagrance sous le seul contrôle du

---

[20] En ce sens, BUISSON J., « Précisions sur la notion de perquisition », *Rev. Sc. Crim.*, 2002, p. 906 et s.
[21] *Ibid.*

ministère public et de l'autre une enquête préliminaire sous le contrôle du ministère public et du juge des libertés et de la détention. L'instruction, elle, est sous le contrôle du seul juge d'instruction. Outre ce lissage du régime général de l'enquête, c'est également au regard des modes de preuve que le législateur a progressivement remis en question les distinctions.

Initialement, les actes particulièrement intrusifs étaient réservés à l'instruction. C'est ainsi que les sonorisations et interceptions de correspondance étaient prévues dans le seul cadre de l'instruction, sur le fondement de l'article 81 du Code de procédure pénale que nous avons pu évoquer précédemment entre autres. La géolocalisation est ainsi autorisée pour toute enquête ou instruction, dès lors que la peine encourue est une peine d'emprisonnement supérieure ou égale à 3 ans[22].
Réservée cette fois à la criminalité organisée, l'interception de correspondance peut néanmoins être mise en œuvre tant dans la phase d'enquête que dans celle de l'instruction.
Enfin, dernier exemple en date : l'activation à distance des moyens de télécommunication, prévue pour être notamment inscrite à l'article 230-34-1 du Code de procédure pénale devrait être possible pour les nécessités de l'enquête ou de l'instruction relative à un crime ou à un délit puni de 10 ans d'emprisonnement. Cette fois, le critère est beaucoup plus exclusif mais il est le même qu'il s'agisse de l'instruction ou de l'enquête. En somme, l'instruction n'est plus le cadre d'enquête permettant la réalisation des actes les plus techniques. Il existe désormais une réelle porosité entre les cadres d'enquête, notamment instaurée par la création de l'enquête proactive ou enquête dérogatoire.

---

[22] C. proc. pén., art. 230-32

L'intérêt de l'instruction demeure essentiellement au regard de deux éléments : d'une part, le juge d'instruction est un argument majeur, d'autre part le temps de l'instruction constitue le second intérêt. En effet, la présence du juge d'instruction permet la réalisation des interrogatoires. Dans l'absolu, il n'existe pas une grande différence entre l'enquête et l'instruction puisque l'interrogatoire est également possible dans le cadre de l'enquête. Néanmoins, l'interrogatoire par le juge d'instruction prend une autre dimension. D'abord, parce que l'interrogatoire a lieu au sein du Palais, ce qui constitue une première étape judiciaire et peut créer une forme de pression, première étape vers le jugement. Ensuite, parce que l'interrogatoire n'intervient plus dans le seul cadre de la garde à vue ou de l'audition libre et ne connaît plus de limites temporelles, le Code de procédure pénale n'en prévoyant aucune. Enfin, l'instruction permet encore d'organiser le temps de l'enquête, avec l'organisation du contrôle judiciaire ou de la détention provisoire, ce qui n'est pas possible durant la phase policière tant que l'affaire n'est pas audiencée.

Finalement, il convient de relever qu'il existe une quasi-identité de régime entre les différents cadres d'enquête, quoi qu'en dise le rapport SAUVE. Or, pour reprendre les travaux de BERGEL et de ROUVIERE[23], à une identité de régime, il convient d'avoir une identité de nature. Compte tenu des évolutions des différents cadres d'enquête, l'unicité des régimes, ou du moins leur proximité, permet de justifier une réunification des différents cadres d'enquête. Néanmoins, si l'unification relève du possible, il

---

[23] ROUVIERE F., « Le revers du principe "différence de nature (égale) différence de régime" », *in* Le droit entre autonomie et ouverture, *Mélanges en l'honneur de Jean-Louis BERGEL*, BRUYLANT, 2013, p. 415-448

apparaît que les conséquences en font une solution peu satisfaisante.

II- Les conséquences de l'unification

Parler des conséquences de l'unification ne se résume pas à évoquer l'organisation de cette unification au sein du Code de procédure pénale. Ainsi, la conséquence est la suite logique d'une action, or unifier les cadres d'enquête aurait pour conséquence d'une part, la suppression du juge d'instruction et d'autre part, la réorganisation du Code de procédure pénale. La suppression du juge d'instruction ne serait pas anodine et mérite de s'y attarder car elle constitue une remise en question à la fois théorique et pratique de notre modèle judiciaire qui constitue le principal obstacle à la réunification des cadres d'enquête (A). La réorganisation du Code de procédure pénale qui s'ensuivra est relativement complexe mais pourrait également se réaliser à droit constant et permettre la simplification que l'ensemble de la doctrine et de la pratique appellent de leurs vœux (B).

A- La suppression du juge d'instruction : principal obstacle pratique à l'unification

Le rapport SAUVE apparaît dans un premier temps favorable au maintien du juge d'instruction dans ses attributions, relevant son expertise, sa réactivité et son efficacité[24]. Il continue néanmoins en relevant que ces qualités ne permettent pas de raccourcir la durée importante de la procédure, puis il évoque le rapport DELMAS-MARTY dans lequel il était envisagé de confier la conduite de l'enquête au procureur de la République. Finalement, la

[24] « Rendre justice aux citoyens », Rapport du comité des États généraux de la justice (octobre 2021 – avril 2022), préc., p. 196

proposition du rapport SAUVE est donc de mettre en œuvre une réflexion autour de la suppression du juge d'instruction mais en rappelant l'attachement, en l'état, du comité au modèle procédural mixte qui résulte de l'existence du juge d'instruction.

Ainsi, les deux conséquences principales qui résulteraient de la suppression du juge d'instruction, et qu'il convient d'envisager, sont relatives d'une part à la question de sa substitution et d'autre part, à la faisabilité d'une telle substitution.

S'agissant d'une part de la substitution du juge d'instruction, le rapport s'appuie sur les précédents travaux des commissions que nous avons déjà pu évoquer et qui prescrivaient une suppression du juge d'instruction. Or, il est constant que la suppression d'un juge du siège ne pourrait se faire sans qu'il soit remplacé par un autre juge du siège. En effet, le juge d'instruction a des attributions juridictionnelles qui ne sauraient être confiées au procureur de la République, pour la simple et bonne raison qu'il n'en dispose pas déjà dans le cadre de l'enquête policière, ces fonctions relevant des attributions des juges du siège. Ainsi, le procureur de la République, s'il est un magistrat et s'il présente des garanties « d'indépendance et d'impartialité »[25], ne peut pas statuer sur les questions de restriction ou privation de liberté, *a fortiori* s'il est chargé de la direction de l'enquête. La suppression du juge d'instruction conduirait donc à confier ses attributions juridictionnelles à ce que certains ont nommé le juge de l'enquête et des libertés.

En soi, le juge de l'enquête et des libertés correspond au juge des libertés et de la détention, mais les fonctions

[25] Sous les réserves abordées précédemment

seraient nécessairement élargies. Le J.E.L. se verrait ainsi confier la tâche d'apprécier la nullité de certains actes[26]. Il se verrait également confier les questions de suivi des expertises, l'autorisation des actes ou la cancellation des procès-verbaux[27].

Reste que cette évolution, si tant est qu'elle soit séduisante sur le papier, au regard de la mise en place d'une véritable discussion procédurale du déroulement de l'enquête, entraînerait un bouleversement fondamental de la procédure pénale que nous connaissons.

Ainsi que l'a souligné le rapport SAUVE, notre procédure est encore mixte, emprunte d'inquisitoire et d'accusatoire. Or, supprimer le juge d'instruction reviendrait à basculer notre modèle procédural dans un modèle pleinement accusatoire, ce qui supposerait donc de permettre aux accusés de réaliser le travail de recherche à décharge, ce que le juge d'instruction ne fera plus pour eux. Certains auteurs évoquaient ainsi la nécessité de mettre en place des bureaux communs de la défense[28]. Une telle proposition supposerait néanmoins une véritable révolution également chez les avocats, et surtout en matière d'aide juridictionnelle puisqu'il serait alors indispensable d'envisager des moyens supplémentaires dans la recherche des preuves. Finalement, le modèle basculerait pleinement dans un système à l'américaine où les parties doivent rapporter la preuve de leurs prétentions et particulièrement les preuves à décharge. À ce titre, il serait sans doute

---

[26] Ce qui serait un avantage par rapport au juge d'instruction, car il en résulterait un droit d'appel sur la question des nullités, ce qui n'est pas le cas en droit positif puisque seule la chambre de l'instruction est amenée à se prononcer sur la question de la nullité.
[27] Voir en ce sens le rapport DELMAS-MARTY, préc.
[28] GUINCHARD S. et BUISSON J., *Procédure pénale*, *op. cit.*, n° 353

nécessaire d'envisager de maintenir le principe de l'ordonnance de renvoi et de prévoir une forme d'audience sur l'accusation qui serait appréciée par le juge de l'enquête à l'issue de celle-ci.

Cela appelle, d'autre part, la question de la faisabilité d'une telle évolution de la procédure pénale. Ainsi, la première question est celle soulevée par le rapport SAUVE s'agissant de la soutenabilité politique et sociale d'une telle évolution de la procédure. Le rapport rappelle ainsi l'attachement général vis-à-vis des garanties que représente le juge de l'instruction en termes d'impartialité et d'indépendance. Quand bien même certains scandales ont pu entacher la réputation du juge d'instruction, il demeure une des figures de l'enquête, justement parce qu'il a un rôle particulièrement important dans la résolution de certains dossiers techniques et sensibles politiquement[29].

Plus important encore, la faisabilité en termes de ressources humaines pose question. D'une part, le parquet devrait assumer la direction de ces enquêtes particulièrement chronophages et qui représentent un volume de travail conséquent. Certes, il serait déchargé des aspects juridictionnels, mais il devrait néanmoins assumer la charge des interrogatoires. D'autre part, c'est nécessairement le juge des libertés et de la détention, éventuellement renommé, qui assumerait la charge supplémentaire du contentieux juridictionnel. Or, si les postes des juges d'instruction étaient ainsi disponibles pour venir assumer ces fonctions, il n'en reste pas moins que le contentieux risquerait d'exploser au regard de ces nouvelles missions et de la possibilité de contester un nombre d'actes plus importants.

[29] « Rendre justice aux citoyens », préc., p. 198

En outre, le juge des libertés et de la détention n'est pas en reste au regard de ses attributions. Ainsi, le comité propose de lui retirer une partie de ses attributions au regard de l'importance de celles-ci, suggérant donc de confier ses fonctions civiles à des magistrats du siège. Venir renforcer ses attributions remettrait d'autant plus en question la nécessité de cette évolution. Plus encore, une critique régulière du juge des libertés et de la détention consistait à le qualifier de juge alibi. Il intervenait simplement pour permettre de justifier les pouvoirs du procureur de la République. Compte tenu de ce que nous venons d'énoncer, il est invraisemblable d'imaginer pouvoir confier un rôle de contrôle de l'enquête au juge des libertés et de la détention, dans le cadre d'une procédure accusatoire. Cela supposerait de lui permettre d'instruire le dossier et de bénéficier d'un temps de réponse, alors même que les attributions du JLD sont essentiellement réalisées dans l'urgence, avec une motivation sommaire, sauf à chercher à sacrifier les garanties procédurales sur l'autel de l'efficacité répressive… ce qui n'est pas souhaité par le comité SAUVE.

Force est de constater que les conséquences de la suppression du juge d'instruction ne sont pas un mince obstacle et que quoi qu'il en soit, une telle réforme ne verra pas le jour de sitôt, nécessitant plus qu'une simplification à droit constant.

B- La réécriture limitée de l'enquête à droit constant

Dernière difficulté mais non des moindres, la réunification des cadres d'enquête est encadrée par les termes de l'article 2 de la loi de programmation et d'adaptation de la Justice qui porte habilitation du gouvernement à réécrire le Code de procédure pénale à droit constant. Or, une réécriture à droit constant suppose simplement une réorganisation des textes, et un éventuel toilettage. S'il ne faut pas négliger les aspects normatifs d'une telle recodification, il ne saurait en résulter une évolution considérable de la procédure pénale.

En réalité, la principale évolution qui pourrait résulter de cette simplification est l'actualisation de la définition de la flagrance. Ainsi que l'avait proposé le rapport BEAUME, la clameur publique mérite d'être redéfinie. Il serait louable d'envisager une réécriture des domaines respectifs des enquêtes de flagrance et de l'enquête préliminaire. Le rapport SAUVE évoque également la nécessité d'unifier les cadres d'enquête vers le modèle de l'enquête préliminaire. Il s'agirait plutôt d'affirmer que le cadre commun de l'enquête est le cadre de l'enquête préliminaire[30]. Seulement, lorsque survient un élément de la flagrance, alors les actes d'enquête peuvent se dérouler sans assentiment et sans autorisation du juge des libertés et de la détention. En effet, et comme l'avait souligné le rapport BEAUME, la distinction entre enquête préliminaire et enquête de flagrance est fondamentale, car elle présente un intérêt en termes d'efficacité procédurale et de gradation de l'enquête pénale. Alors même que l'enquête préliminaire s'organise sur un temps long, l'enquête de flagrance doit être réalisée dans un délai de 16 jours. Si l'enquête n'est pas nécessairement achevée à l'issue de ces 16 jours, ce délai permet d'inciter à une efficacité dans la réponse pénale car la matérialité de l'infraction est bien présente et qu'il suffit de la rattacher à son auteur. Cette immédiateté de l'enquête permet alors de déclencher une réponse pénale rapide avec comparution immédiate ou à délai différé.

---

[30] En ce sens : Rapport sur la procédure pénale, préc., p. 14

La réécriture de la partie relative à l'enquête est ainsi plutôt simple :
Une première partie définirait les cadres d'enquête : enquête préliminaire, enquête de flagrance et instruction.
À la suite de ce chapitre notionnel, il serait prévu un chapitre listant l'ensemble des actes d'investigation. D'abord, dans un premier sous-chapitre, les actes communs à l'ensemble des cadres d'enquête, Ensuite dans un deuxième sous-chapitre, les actes propres à la criminalité organisée et enfin dans un dernier sous-chapitre les actes propres à l'instruction.
Une telle présentation simplifierait grandement le Code de procédure pénale puisqu'il n'y aurait plus lieu à effectuer de renvois. Il suffirait ainsi de préciser, dans la définition de la flagrance, que lorsque ses conditions sont réunies, alors les officiers de police judiciaire sont dispensés des autorisations du juge de l'enquête et des libertés prévues dans les articles.

Éventuellement, l'organisation des articles pourrait également suivre une organisation dépendant de leur caractère attentatoire aux libertés individuelles[31].
Ainsi, une classification des actes d'investigation permet de les organiser selon leur objet[32], à savoir : constater, recueillir des preuves, recueillir de façon intrusive des preuves, confronter des individus, provoquer à la preuve ou encore exploiter des preuves. Une telle classification des actes, selon leur objet, permet de mettre en avant leur régime. Ainsi, certains n'emportent aucune autorisation, tels que les actes de constat, de recueil et de confrontation. A l'inverse, les actes de recueil intrusif et de provocation

---

[31] Rapport sur la procédure pénale, préc., p. 25
[32] Sur ce classement : DAVID. T, *L'objet en procédure pénale : contribution à l'étude des actes et des actions*, Thèse, Université de Bordeaux, soutenue le 11 décembre 2020.

supposent une autorisation préalable. En distinguant ces actes dans chaque section, un article préliminaire permettra, lorsque cela est nécessaire, de prévoir que les actes de la présente section seront réalisés sous réserve d'une autorisation préalable du JLD hors les cas de flagrance.

Finalement, cette méthodologie devrait également inspirer l'ensemble de la procédure pénale[33]. Le législateur gagnerait à réorganiser le Code de procédure pénale selon la méthodologie du Code de procédure civile. D'abord définir les notions, ensuite prévoir les actes, enfin organiser les actions et éventuellement les spécificités à certaines actions. Pour autant, cela suppose que le législateur prenne également la peine de définir ce qu'est l'action publique, grande oubliée de cette question de l'unification des cadres d'enquête, et qui devrait conduire également à la définition de nombreuses autres actions qui existent déjà dans le Code de procédure pénale.

---

[33] *Ibid.*

GENERALISATION OU SPECIALISATION DES MOYENS D'ENQUETE ?

BARBARA DREVET
Maître de conférences à l'Université Clermont Auvergne

Si le Professeur Fourment estime que « la procédure pénale est davantage malade des avalanches de lois bavardes (…) que de son Code »[1], c'est particulièrement vrai s'agissant des moyens d'enquête, c'est-à-dire des actes qui peuvent être effectués par les différents acteurs de la procédure pénale lors des investigations. Le Code de procédure pénale opère une distinction entre les moyens d'enquête de droit commun et les techniques spéciales d'enquête. Les premiers peuvent être mis en œuvre dans l'ensemble des cadres d'enquête, c'est-à-dire aussi bien en enquête de flagrance, en enquête préliminaire ou en instruction de droit commun que lors de procédures particulières comme celles applicables à la criminalité et la délinquance organisées. Perquisition, réquisition, enquête sous pseudonyme ou captation d'images par drone sont par exemple des moyens d'enquête généraux. À l'inverse, les techniques spéciales d'enquête ne peuvent être mises en œuvre que dans l'hypothèse d'une procédure particulière, qui renvoie en principe à une forme de criminalité précise, dont l'exemple le plus courant et qui fait l'objet du plus grand nombre de dispositions est la criminalité et la délinquance organisées. En la matière, outre les moyens

---

[1] F. Fourment, « Refonte du Code de procédure pénale ou réforme de la procédure pénale ? », *Gaz. Pal.*, 2023, n°16, éditorial, p. 38.

d'enquête généraux déjà listés et qui peuvent être aménagés, l'on peut aussi recourir notamment à la surveillance sur l'ensemble du territoire national, aux infiltrations, au recueil des données techniques de connexion et des interceptions de correspondances émises par la voie des communications électroniques ou encore aux sonorisations et captations d'images. Normalement, la distinction entre moyen d'enquête général et moyen d'enquête spécial se manifeste dans le Code de procédure pénale par l'endroit où sont situées les différentes dispositions : dans le Livre I pour les moyens d'enquête de droit commun et dans le Livre IV pour les procédures particulières.

Or, les États généraux, le rapport Sauvé[2] et l'étude d'impact du projet de loi d'orientation et de programmation du ministère de la Justice 2023-2027[3] ont fait le constat d'un Code de procédure pénale peu clair, illisible, avec des dispositions éparpillées et une structure incohérente, les dispositions relatives aux moyens d'enquête étant largement au cœur de ces critiques. L'étude d'impact de la loi Justice indique en effet très clairement que la critique « la plus importante est certainement celle qui constate l'incohérence du plan, qui résulte, notamment mais pas uniquement, de l'empilement des dispositions insérées, années après années, dans le livre IV relatif aux « quelques procédures particulières » »[4]. En effet, l'étude d'impact dénombre quarante-deux titres au sein du Livre IV, de sorte que le terme « quelques » de son intitulé doit être compris

---

[2] Rapport du comité des États généraux de la justice (octobre 2021 - avril 2022) (ci-après « Rapport Sauvé »).
[3] Étude d'impact du Projet de loi d'orientation et de programmation du ministère de la justice 2023-2027 (ci-après, « Étude d'impact », https://www.senat.fr/leg/etudes-impact/pjl22-569-ei/pjl22-569-ei.pdf.
[4] *Ibid.* p. 35.

comme exprimant un nombre indéterminé plutôt qu'un petit nombre. C'est donc en partie pour cela que la refonte du Code de procédure pénale serait nécessaire.

À cette fin, l'article 2 du projet de loi d'orientation et de programmation du ministère de la Justice 2023-2027, dit projet de loi Justice[5], autorise le Gouvernement « à procéder par voie d'ordonnance à la réécriture de la partie législative du code de procédure pénale afin d'en clarifier la rédaction et le plan, ainsi qu'à la modification de toute autre disposition de nature législative nécessitée par cette réécriture »[6]. Le gouvernement aurait donc deux ans pour prendre cette ordonnance et la nouvelle codification devrait être effectuée à droit constant, c'est-à-dire sans modification du droit positif. En réalité, il s'agira sans doute plutôt d'une modification à droit presque constant ou pas tout à fait constant puisqu'il est immédiatement précisé que la nouvelle codification sera effectuée à droit constant « sous réserve des modifications nécessaires pour assurer le respect de la hiérarchie des normes et la cohérence rédactionnelle des textes, harmoniser l'état du droit, remédier aux éventuelles erreurs ou omissions, abroger les dispositions obsolètes ou devenues sans objet et procéder aux adaptations terminologiques utiles, notamment pour revoir les dispositions dont la formulation peut paraître remettre en cause la présomption d'innocence »[7]. Le Gouvernement pourra donc finalement refondre beaucoup et réformer un peu.

---

[5] La dernière version en date du projet est, à l'heure d'écriture, celle adoptée par la commission de l'Assemblée nationale en première lecture le 23 juin 2023 (https://www.assemblee-nationale.fr/dyn/16/textes/l16b1440_texte-adopte-commission.pdf).

[6] Projet de loi d'orientation et de programmation du ministère de la Justice 2023-2027 (ci-après « projet de loi Justice »), art. 2.

[7] *Ibid.*

Serait-ce l'occasion d'en profiter pour généraliser les techniques spéciales d'enquête et permettre ainsi leur utilisation en droit commun ? Outre que l'ampleur d'une telle réforme dépasserait clairement l'habilitation du gouvernement, une telle généralisation paraît impossible. En effet, le législateur a déjà tenté l'expérience lors du projet de loi de programmation 2018-2022 en prévoyant l'extension des techniques spéciales d'enquête à l'ensemble des crimes mais le Conseil constitutionnel a censuré la mesure en considérant que « si une infraction d'une particulière gravité et complexité est de nature à justifier le recours à de telles mesures, tel n'est pas nécessairement le cas d'infractions ne présentant pas ces caractères »[8]. Pas de généralisation globale des moyens d'enquête possible donc. À l'autre extrême, le législateur a peut-être abusé de la spécialisation et l'on fait sans doute désormais face à une surspécialisation avec ces fameux quarante-deux titres distincts dans le Livre IV. C'est que si tout devient spécial, le spécial ne devient-il pas finalement général ? Entre généralisation globale impossible et surspécialisation au risque de faire disparaître toute spécificité aux moyens d'enquête, il faut alors trouver un juste milieu. Pour parvenir à un tel équilibre et redonner cohérence et lisibilité aux moyens d'enquête, une simple recodification n'est pas suffisante. Des modifications substantielles, donc des réformes, vont en effet parfois être nécessaires. Entre refonte et réforme, il faut ainsi procéder à une clarification du général et du spécial (I) avant de s'essayer à une harmonisation des moyens d'enquête (II).

I- La clarification du général et du spécial

---

[8] Cons. Const., 21 mars 2019, n°2019-778 DC, §162 ; *JCP G.*, 2019, n°14, act. 359, obs. A. Botton ; *AJ Pénal*, 2019, p. 180, obs. J. Leblois-Happe, confirmant les critères déjà énoncés par Cons. Const., 2 mars 2004, n°2004-92 DC, spé. para. 19.

Une clarification du général et du spécial pourrait sembler inutile puisque les moyens d'enquête généraux sont en principe dans une partie du Code de procédure pénale (le Livre I) et les moyens d'enquête spéciaux dans une autre (le Livre IV). La distinction n'est cependant pas si évidente dès lors que l'on trouve dans les dispositions générales des modalités d'enquête permises uniquement en cas de procédure spéciale[9] et que certaines techniques spéciales sont déjà remontées dans les moyens généraux[10]. Sans procéder à une liste exhaustive de l'ensemble des moyens d'enquête à disposition des différents acteurs, l'on peut tout de même vérifier si d'autres moyens d'enquête doivent et peuvent rejoindre le droit commun. Cette recherche peut se faire parmi les techniques spéciales d'enquête prévues par le Code de procédure pénale (A) mais également parmi les moyens d'enquête non réglementés mais autorisés par la Cour de cassation (B).

A- La clarification du général et du spécial parmi les moyens d'enquête légaux

Les moyens d'enquête généraux prévus par le Code de procédure pénale sont connus, qu'il s'agisse par exemple des perquisitions[11], des constatations ou examens techniques et scientifiques[12] ou de la géolocalisation[13]. Plus récemment, l'enquête sous pseudonyme a quitté les techniques spéciales d'enquête réservées à la criminalité et délinquance organisées pour rejoindre le droit commun à l'article 230-46 du Code de procédure pénale, une telle généralisation s'expliquant par « l'intérêt de ces infiltrations

---

[9] Par exemple, v. *C. proc. pén.*, art. 230-40.

[10] Sur ce point v. *infra* I-A.

[11] *C. proc. pén.*, art. 56 et s.

[12] *C. proc. pén.*, art. 60 et s.

[13] *C. proc. pén.*, art. 230-32 et s.

numériques pour déjouer les stratégies des délinquants qui s'abritent derrière l'anonymat pour commettre leurs forfaits »[14]. L'infiltration numérique devient ainsi un moyen nécessaire pour accroître l'efficacité des enquêtes menées et tenir compte des évolutions, notamment technologiques. Poursuivant une logique similaire, le projet de loi Justice prévoit d'ajouter une nouvelle modalité à la géolocalisation en droit commun et à la sonorisation et fixation d'image en criminalité organisée : l'activation à distance d'un appareil électronique[15]. Cette dernière, permise pour les délits punis d'au moins dix ans d'emprisonnement pour la géolocalisation et pour les infractions prévues par la délinquance et la criminalité organisées, serait nécessaire pour redonner de l'efficacité à la géolocalisation et à la sonorisation, « les services enquêteurs [étant] contraints de renoncer à [leur] mise en place »[16] en raison des nouvelles stratégies employées par les délinquants « pour déjouer le travail des services de police et de gendarmerie »[17].

Cet objectif de renforcement de l'efficacité des investigations est certes préconisé par le rapport du groupe de travail sur la simplification de la procédure pénale[18] mais ce n'est pas le seul critère pertinent pour justifier la généralisation d'un moyen d'enquête, en tout cas pas aux yeux du Conseil constitutionnel qui exige que le moyen d'enquête soit rendu nécessaire par la gravité et la

---

[14] F. Chopin, « Cybercriminalité », *Répertoire de droit pénal et de procédure pénale*, Dalloz, 2020 (actualisation septembre 2021), §451.

[15] Articles 230-34-1 et 706-96-2 tels que proposés par l'article 3 du Projet de loi Justice.

[16] Étude d'impact, p. 137.

[17] *Ibid.*

[18] « Rapport du groupe de travail sur la simplification de la procédure pénale », *Travaux restitués au comité des États généraux de la justice*, p. 25.

complexité de l'infraction[19]. C'est ainsi à l'aune de ce double critère que doit être étudiée la généralisation des perquisitions de nuit que le projet de loi Justice compte intégrer au droit commun avant que la refonte du Code de procédure pénale ne s'engage véritablement. Si l'on en croit l'étude d'impact, la dérogation au droit commun actuel, qui impose d'effectuer les perquisitions entre 6h et 21h, « présente l'inconvénient de n'être prévu[e] que pour des infractions limitativement énumérées relatives à la criminalité organisée, [l]es crimes de droit commun en [étant] exclus »[20]. Le projet de loi Justice prévoit donc d'insérer dans le Code de procédure pénale un article 59-1 et un article 97-2 permettant au JLD ou au juge d'instruction, si les nécessités de l'enquête de flagrance ou de l'information l'exigent, « [d']autoriser par ordonnance spécialement motivée que les perquisitions, visites domiciliaires et saisies de pièces à conviction soient opérées en dehors des heures prévues à l'article 59, lorsque leur réalisation est nécessaire pour prévenir un risque d'atteinte à la vie ou à l'intégrité physique, lorsqu'il existe un risque immédiat de disparition des preuves et indices du crime qui vient d'être commis ou pour permettre l'interpellation d'une personne soupçonnée d'avoir participé ou crime ». D'abord envisagée à l'égard de tous les crimes, la mesure est désormais restreinte aux crimes du Livre II du Code pénal, c'est-à-dire aux crimes contre les personnes. Cette restriction tient peut-être à la volonté de passer le filtre du Conseil constitutionnel, si tant est que ce dernier soit saisi, mais elle ne manque pas d'interroger. L'étude d'impact justifiait en effet l'extension des perquisitions de nuits à l'ensemble des crimes par leur particulière gravité : ce sont des crimes. Soit, mais doit-on alors en déduire qu'en restreignant aux crimes contre les personnes, le projet de loi

---

[19] Cons. const. 21 mars 2019 précité.
[20] Étude d'impact, p.47.

les considère comme plus graves que les crimes contre les biens ? C'est peut-être oublier entre autres que les crimes contre les biens peuvent également porter atteinte à l'intégrité ou à la vie des personnes. Quelle différence par exemple entre un meurtre, qui permettrait une perquisition nocturne, et une destruction par explosion causant la mort d'individus qui, en tant que simple crime du Livre III du Code pénal, ne permettrait pas la mesure ?

L'étude d'impact justifiait également l'extension des perquisitions de nuit à l'ensemble des crimes par l'objectif d'éviter la déperdition des preuves, expliquant qu'« une perquisition de nuit dans un temps voisin de l'infraction permettra de recueillir notamment des éléments de police scientifique (ADN de la victime, traces de sang) que l'auteur va chercher à faire disparaître dans un temps voisin de la commission de l'infraction » [21]. Cela se traduisait dans l'avant-dernière version du texte par la possibilité de réaliser une perquisition nocturne lorsque sa « réalisation est nécessaire pour prévenir un risque imminent d'atteinte à la vie ou à l'intégrité physique, lorsqu'il existe un risque immédiat de disparition des preuves et indices du crime qui vient d'être commis ou pour permettre l'interpellation de son auteur »[22]. Or le critère d'urgence, qui pourrait éventuellement satisfaire le Conseil constitutionnel[23], a en partie disparu dans la dernière version du projet de loi, qui évoque désormais « un risque d'atteinte à la vie ou à l'intégrité physique » et non plus un risque « imminent ». Seul le risque de disparition des preuves et indices du crime

[21] Étude d'impact, p.49.

[22] Projet de loi Justice, texte adopté par le Sénat en première lecture, version du 13 juin 2023 (https://www.assemblee-nationale.fr/dyn/16/textes/l16b1346_projet-loi.pdf).

[23] Cons. Const., 19 fév. 2016, n°2015-536 QPC, §10 : « une perquisition se déroulant la nuit dans un domicile doit être justifiée par l'urgence ou l'impossibilité de l'effectuer le jour ».

devrait donc être imminent, tout risque d'atteinte à la vie ou à l'intégrité physique suffisant en revanche à permettre une perquisition nocturne.

Si la gravité et l'urgence se discutent, le critère de complexité semble quant à lui véritablement absent, alors même qu'il est imposé par le Conseil constitutionnel pour généraliser une technique spéciale d'enquête. Si le critère en lui-même peut apparaître discutable, du moins en ce qu'il ne permet pas d'expliquer la présence de certaines infractions dans la liste de l'article 706-73, il apparaît tout de même comme une exigence du Conseil constitutionnel, qui avait d'ailleurs fondé le rejet de la généralisation des techniques spéciales d'enquête en 2019. Là encore, il n'est pas certain que restreindre les perquisitions de nuit aux crimes du Livre II du Code pénal permette de remplir ce critère puisque l'on ne voit toujours pas bien en quoi une destruction par explosion entraînant la mort d'individus est par nature moins complexe qu'un meurtre. C'est dire qu'il semblerait tout de même plus judicieux que les perquisitions de nuit demeurent cantonnées aux techniques spéciales d'enquêtes. En revanche, certains moyens d'enquête prétoriens pourraient, eux, intégrer les moyens d'enquête généraux.

B- La clarification du général et du spécial parmi les moyens d'enquête prétoriens

La refonte du Code de procédure pénale pourrait être l'occasion de s'interroger sur la nécessité de légiférer sur des moyens d'enquête non réglementés mais validés par une jurisprudence constante de la Cour de cassation[24]. Le

---

[24] Sur cette question v. B. Drevet, « Les actes d'investigation non réglementés : la relative légalité procédurale », *Dr. pén.*, 2023, n°4, étude 7.

projet de loi Justice semble l'autoriser puisque son article 2 énonce que la nouvelle codification du Code de procédure pénale est « effectuée à droit constant sous réserve [notamment] des modifications nécessaires pour (…) harmoniser l'état du droit [ou] remédier aux éventuelles erreurs ou omissions ». Le Conseil d'État considère d'ailleurs que « l'interprétation de la règle de droit par la jurisprudence des cours suprêmes (…) s'incorpore à cette règle et doit nécessairement être prise en compte dans le cadre d'une codification à droit constant »[25]. C'est là encore l'occasion de clarifier ce qui relève des moyens d'enquête de droit commun et de droit spécial, le régime des actes non réglementés étant souvent construit *a contrario* de celui des techniques spéciales prévues par le Code de procédure pénale. Trois moyens d'enquête prétoriens peuvent ainsi être étudiés.

D'abord, c'est la surveillance générale, autrement dit la célèbre filature, qui pourrait rejoindre les moyens d'enquête généraux du Code de procédure pénale desquels elle est pour l'instant absente. Le Code de procédure pénale précise dans le régime spécial de la criminalité organisée que la surveillance peut être étendue à l'ensemble du territoire de la République[26] et il faudrait donc comprendre *a contrario* qu'en droit commun, cette surveillance n'est possible que dans le ressort géographique des policiers. Si on ne trouve aucune disposition qui le précise dans l'enquête de droit commun, l'acte est connu, pratiqué et validé de longue date par la Cour de cassation[27], sans que l'on puisse ici

---

[25] Conseil d'État, Avis sur un projet de loi d'orientation et de programmation du ministère de la justice 2023-2027 », 2 mai 2023, n°406855, §11.
[26] *C. proc. pén.*, art. 706-80.
[27] Crim. 11 mai 1993, n°11-05.932, *Dr. pén.* 1993, chron. 34, obs. V. Lesclous et C. Marsat.

véritablement en faire la critique tant il paraît normal qu'un policier puisse filer un suspect. On peut donc penser que c'est un acte d'enquête général tellement évident que le législateur n'a jamais pensé à préciser clairement qu'il était permis. L'ajouter soit dans les dispositions communes de l'enquête de droit commun[28], soit en modifiant les articles relatifs aux pouvoirs des OPJ ne semblerait ainsi pas opérer une modification du droit mais serait plutôt l'occasion de remédier à une omission.

Ensuite, l'on pourrait se poser la question de la clarification de la captation d'images sur la voie publique. La Cour de cassation admet le recours à ce moyen d'enquête en procédant à une interprétation *a contrario* de l'article 706-96 du Code de procédure pénale relatif à la fixation d'image dans un lieu privé. Par exemple, lorsque l'individu est seulement pris en photo dans un lieu public, la Cour de cassation estime qu'il n'y a pas d'ingérence dans la vie privée, « la prise de ces clichés photographiques, qui n'ont pas été recueillis de manière permanente ou systématique, ne [pouvant] être assimilée à la mise en place d'un dispositif de captation et d'enregistrement continu d'images de personnes se trouvant dans un lieu public nécessitant une autorisation du procureur de la République »[29]. De la même manière, « l'enregistrement, à l'aide d'un caméscope, pour les besoins de leur enquête, d'une scène observée par les policiers, n'est pas assimilable à la mise en œuvre d'un

[28] Sur ce point v. *infra* II-A.

[29] Crim. 28 mars 2023, n°22-83.874 ; *Dalloz actualité*, 18 avril 2023, obs. T. Scherer ; *AJ Pénal*, p. 296 obs. Th. Lebreton ; *JCP G.*, 2023, n°23, act. 705, obs Ph. Collet ; *Dr. pén.*, 2023, n°5, comm. 95 A. Maron et M. Haas. V. aussi Crim. 6 avril 2022, n°21-84.092, *D. actu.* 23 mai 2022 obs. D. Pamart ; *Dr. pén.*, 2022, comm. 115, A. Maron et M. Haas ; *Lexbase pénal*, avril 2022, obs. A. Léon, *Lexbase pénal*, juillet 2022, obs. B. Drevet.

dispositif de vidéosurveillance »[30]. Il y aurait donc une différence subtile entre le ringard caméscope, qui ne permet pas une captation d'images, et le très à la mode drone, qui permet lui une captation d'images et mérite sa place dans les moyens d'enquête généraux du Code de procédure pénale[31]. Les captations d'images sont ainsi au cœur de plusieurs moyens d'enquête qui distinguent suivant le lieu – public ou privé – et la permanence de la captation[32] : la captation par drone dans un lieu public, moyen d'enquête général[33], la captation d'image par « un dispositif technique » dans un lieu privé, technique spéciale d'enquête[34] et une imprécision lorsqu'il s'agit d'une captation d'images par un appareil photo ou un caméscope. À cela s'ajoutent les mesures de vidéosurveillance, encadrées par la Cour de cassation qui les assortit de garanties tenant notamment à l'autorité chargée de les autoriser[35]. La preuve par image illustre ainsi parfaitement la construction de la procédure pénale « par épisodes et par empilement, suivant un scénario souvent chaotique et peu cohérent »[36]. Une clarification est donc nécessaire et l'on pourrait considérer qu'en légiférant sur l'utilisation d'un drone pour capter des images, le législateur a « simplement » oublié de légiférer sur les appareils plus désuets comme le caméscope. C'est un peu l'idée du qui

---

[30] Crim. 10 mai 2023, n°22-86.186, *AJ Pénal*, p. 296 obs. Th. Lebreton ; *Dalloz actualité*, 2 juin 2023, obs. M. Pirrotta ; *Lexbase Pénal*, 2023, n°61, obs. A. Mornet.

[31] *C. proc. pén.*, art. 230-47 à 230-57.

[32] Sur ces distinctions v. T. Scherer, « Photographie du suspect sur la voie publique : pas d'autorisation nécessaire d'un magistrat », *Dalloz actualité*, 18 avril 2023 ; Th. Lebreton, « Liberté de photographier sur la voie publique », *AJ pénal*, p. 296.

[33] *C. proc. pén.*, art. 230-47 et s.

[34] *C. proc. pén.*, art. 706-96 et s.

[35] Sur ce point v. *infra* II-B.

[36] E. Vergès, « La preuve par l'image : symptôme d'un mal aigu », *RSC*, 2023, p. 159.

peut le plus (utilisation d'un drone) peut le moins (utilisation d'un caméscope). La refonte du Code de procédure pénale pourrait ainsi, là encore pour remédier à une omission, ajouter la captation d'image par caméscope ou appareil photo parmi les moyens d'enquête généraux. Pour éviter d'autres oublis – une tablette par exemple –, anticiper les évolutions technologiques et revenir à un degré d'abstraction nécessaire à un texte de loi, peut-être le nouveau texte pourrait-il employer une formule neutre et parler par exemple de « dispositif permettant la captation d'images ».

Enfin, la consultation du téléphone portable en garde à vue n'est pas non plus réglementée par le Code de procédure pénale. C'est donc la Cour de cassation qui s'est chargée de lui appliquer un régime et elle l'assimile à cette fin à une perquisition[37]. À cela s'ajoute que « le code de déverrouillage d'un téléphone mobile [pouvant] constituer une clé de déchiffrement si ce téléphone est équipé d'un moyen de cryptologie »[38], l'individu qui refuse de fournir ce code aux enquêteurs peut se voir appliquer le délit de l'article 434-15-2 du Code pénal. La consultation du téléphone portable par les enquêteurs pouvant exiger, le cas échéant, la transmission du code de déverrouillage, serait donc un moyen d'enquête général fondé sur les dispositions relatives à la perquisition et sur une disposition du Code

[37] Crim. 12 janv. 2021, n° 20-84.045, *D.* 2021. 82 ; *AJ pénal* 2021. 214, obs. E. Clément ; *Dalloz IP/IT* 2021. 294, obs. O. de Maison Rouge ; *RSC* 2021. 128, obs. R. Parizot.

[38] Crim. 13 oct. 2020, n° 20-80.150, confirmé par Ass. plén., 7 nov. 2022, n° 21-83.146, *JCP G.*, 2022, n°45, p. 2037, obs. J.-Y. Maréchal ; *JCP* G, 2022, n°47, act. 1320, obs. C. Ribeyre ; *Procédures*, 2023, n°1, p. 27, obs. J. Buisson ; *Lexbase Pénal*, 2022, n°54, obs. E. Dreyer ; *AJ Pénal*, 2022, n°12, p. 577, obs. M. Audibert.

pénal dont l'interprétation peut être discutée[39]. La refonte du Code de procédure pénale pourrait alors être l'occasion – si tant est que l'on estime qu'une telle jurisprudence est constante et non discutable – d'autoriser explicitement une telle mesure en l'assortissant de garanties appropriées[40].

Légiférer sur ces moyens d'enquête prétoriens permettrait ainsi à la fois d'en faire des moyens légaux et de clarifier ce qui relève du spécial et du général. Ce n'est qu'une fois cette clarification réalisée que l'on peut s'intéresser à une harmonisation des moyens d'enquête.

II- L'harmonisation des moyens d'enquête

Le projet de loi Justice n'est pas le premier à manifester une volonté d'harmonisation des règles de la procédure pénale puisque tel était également le cas de la loi de programmation précédente[41]. Cette dernière avait pour ambition une harmonisation plutôt substantielle des techniques d'enquête pour parvenir à une simplification et à une unification[42], qui n'a pas abouti en raison des nombreuses censures opérées par le Conseil constitutionnel[43]. Les différents rapports et projets de refonte du Code de procédure pénale actuels se concentrent quant à eux sur une harmonisation plutôt formelle, tenant à la place des dispositions relatives à chaque moyen

---

[39] Sur ce point v. E. Dreyer, « Clair-obscur sur la convention secrète de déchiffrement des téléphones portables », *Lexbase Pénal*, 2022, n°54, §9-11.

[40] Sur ce point v. *infra* II-B.

[41] Loi n°2019-222 du 23 mars 2019 de programmation 2018-2022 et de réforme de la justice.

[42] J. Leblois-Happe, « La réforme de l'enquête par la loi de programmation 2018-2022 revue par le Conseil constitutionnel – Une « simplification » inégale et partielle », *AJ Pénal*, 2019, p. 181.

[43] Cons. Const., 21 mars 2019, n°2019-778 DC.

d'enquête dans le Code de procédure pénale. Il paraît toutefois nécessaire d'aller plus loin et de procéder à une harmonisation substantielle des conditions et garanties prévues pour chaque mesure. Ainsi, au-delà de l'harmonisation formelle pensée (A), il est possible d'envisager une harmonisation substantielle suggérée (B).

A- L'harmonisation formelle pensée

L'harmonisation formelle pensée correspond à l'harmonisation prévue par les différents rapports et études menés. L'étude d'impact de la loi Justice relève en effet que « le code ne respecte nullement la chronologie de la procédure pénale »[44]. L'étude prend pour exemple les réponses pénales autres que le jugement, qui interviennent avant les dispositions relatives au déroulement des investigations, situées dans les livres I et IV du Code de procédure pénale, alors que ces dernières précèdent nécessairement une quelconque réponse pénale[45]. De plus, les différents moyens d'enquête sont éparpillés entre le Livre I et le Livre IV et de nombreuses dispositions de l'un ou l'autre opèrent par renvois, parfois multiples. Par exemple, l'article 230-40 prévoit le recours au « dossier secret », qui permet de ne pas mentionner dans le dossier de procédure la date et l'heure de l'installation ou du retrait du dispositif de géolocalisation ou les éléments identifiant la personne qui l'a installé ou retiré. Cet article 230-40 est situé dans le Livre I, qui prévoit notamment les règles relatives aux enquêtes de droit commun et, plus précisément, dans le Titre IV intitulé « dispositions communes ». Le nom du titre et l'emplacement de la disposition invitent logiquement à penser que la technique du dossier secret est applicable en enquête de flagrance,

---

[44] Étude d'impact, p. 35.
[45] *Ibid.*

préliminaire ou instruction de droit commun. Ce n'est en réalité pas le cas car la technique du dossier secret n'est permise que pour « l'un des crimes ou délits entrant dans le champ d'application des articles 706-73 et 706-73-1 », c'est-à-dire pour les infractions relevant de la criminalité organisée. Sa place la plus cohérente n'est ainsi sans doute pas dans la partie relative au droit commun.

Face à ces difficultés, le rapport du groupe de travail sur la simplification de la procédure pénale préconise ainsi de regrouper toutes les dispositions relatives aux cadres d'enquête « dans une partie consacrée exclusivement à l'enquête, d'abord les règles communes à toutes les enquêtes, ensuite celles relatives aux prérogatives renforcées des magistrats et enquêteurs dans les hypothèses de flagrance, de terrorisme ou de criminalité organisée, et enfin celles relatives aux cadres spécifiques »[46]. Un tel objectif annonce sans doute une refonte du Code de procédure pénale et un bouleversement de la numérotation similaire à la recodification du Code civil opérée par la réforme du droit des contrats mais la cohérence dans la chronologie de la procédure est un objectif légitime que l'on peut tenter d'appliquer aux moyens d'enquête. Actuellement, ils sont contenus dans le Livre I « de la conduite de la politique pénale, de l'exercice de l'action publique et de l'instruction » et le Livre IV « de quelques procédures particulières ». L'idée serait alors d'intégrer les dispositions du Livre IV relatives aux moyens d'enquête dans le Livre I[47]. Ce dernier commence par un Titre I relatif aux « autorités chargées de la conduite de la politique pénale, de l'action publique et de l'instruction », qui pourrait demeurer en l'état, encore que l'on pourrait lui

---

[46] « Rapport du groupe de travail sur la simplification de la procédure pénale », *préc.*, p. 6.
[47] Étude d'impact, p. 41.

aussi le diviser entre autorités de droit commun et autorités pour les procédures particulières. En revanche, les titres II (enquêtes et contrôles d'identité), III (juridictions d'instruction) et IV (dispositions communes) pourraient être regroupés dans un Titre II relatif aux « investigations de droit commun », terme plus neutre permettant d'englober plus facilement l'instruction. Il serait suivi d'un Titre III relatif aux « investigations spéciales », qui comprendrait toutes les techniques d'enquêtes spéciales. L'on retrouverait donc par exemple dès le Titre III du Livre I les techniques d'infiltration ou d'accès à distance aux correspondances stockées par la voie des communications électroniques accessibles au moyen d'un identifiant informatique[48]. On y trouverait aussi les techniques regroupées dans la section « autres techniques spéciales d'enquête », comme les sonorisations ou fixations d'image, ce qui serait l'occasion de fondre cette section dans les dispositions communes aux moyens d'enquête spéciaux.

Ce regroupement des moyens d'enquête pour respecter la chronologie de la procédure pénale serait en effet également l'occasion d'unifier les dispositions communes. L'étude d'impact de la loi Justice relève à cet égard que l'éclatement des dispositions conduit à de très nombreuses redondances et estime qu'une unification des règles communes serait souhaitable[49]. Cette unification est déjà amorcée dans le plan actuel du Code de procédure pénale puisque l'on trouve un Titre IV sur les dispositions communes dans le Livre I et une section intitulée de la même façon dans les dispositions relatives à la criminalité organisée[50]. On pourrait ainsi avoir dans chaque nouveau Titre un chapitre

---

[48] Prévues actuellement dans le Livre IV du Code de procédure pénale, aux articles 706-81 et s. et 706-95 et s.
[49] *Ibid.*, p.36.
[50] *C. proc. pén.*, Livre IV, Titre XXV.

comportant les dispositions communes des investigations de droit commun et des investigations spéciales, ce qui permettrait de limiter les redondances. Par exemple, le régime principal des perquisitions est actuellement fixé par les articles 56 à 59 du Code de procédure pénale, relatifs à l'enquête de flagrance. Pour l'enquête préliminaire, l'article 76 opère un renvoi au régime fixé pour la flagrance et apporte des précisions propres à l'enquête préliminaire. L'instruction procède de la même manière avec trois articles relatifs aux perquisitions[51], dont deux renvoient aux dispositions de la flagrance[52]. En criminalité et délinquance organisées, on compte également au moins trois articles[53], un par type d'enquête, qui eux aussi renvoient à un article de droit commun, l'article 59 sur les heures de perquisition, afin d'y déroger. Il y a donc plus d'une dizaine d'articles relatifs aux perquisitions, sans compter ceux qui apportent des précisions en fonction des locaux particuliers comme le cabinet d'avocat. En déplaçant le régime des perquisitions dans les dispositions communes de droit commun, l'on pourrait alors au moins s'épargner des articles de renvoi et les redondances. Le ou les articles fixant ce moyen d'enquête pourrai(en)t ensuite décliner les spécificités propres à chaque cadre d'enquête sans qu'il soit besoin de les rappeler pour chacun des trois cadres. Le même système peut se déployer pour la criminalité organisée avec un seul article dans les dispositions communes des investigations spéciales, qui prévoirait que les perquisitions peuvent avoir lieu hors des heures légales, en précisant aux alinéas suivants quelle autorité doit en décider et à quelles conditions. Cette unification peut sans doute s'appliquer à l'ensemble des moyens d'enquête et éviter ainsi la multiplication d'articles répétitifs ou de renvoi.

[51] Les articles 94 à 96.

[52] Les articles 95 et 96.

[53] *C. proc. pén.*, art. 706-89 à 706-91.

L'harmonisation formelle pourrait ainsi participer à une meilleure lisibilité et cohérence des dispositions relatives aux moyens d'enquête, rendant la loi pénale plus accessible. Au-delà de cet objectif somme toute louable, une harmonisation substantielle des garanties accordées en fonction des différents moyens d'enquête pourrait également être la bienvenue.

B- L'harmonisation substantielle suggérée

L'harmonisation substantielle suggérée correspond à une harmonisation relative aux garanties entourant les moyens d'enquête généraux et spéciaux. Le rapport Sauvé précise d'ailleurs bien que « si l'architecture et la lisibilité du code de procédure pénale peuvent et doivent sans conteste être améliorées, la simplification ne saurait déboucher sur un affaiblissement de ces garanties »[54]. Il n'est donc évidemment pas question de supprimer des garanties au nom d'une simplification du droit. La référence à une refonte du Code de procédure pénale « à droit constant sous réserve [notamment] des modifications nécessaires pour (…) harmoniser l'état du droit » n'offre sans doute pas – sauf à faire preuve de mauvaise foi – de possibilité de procéder à une harmonisation des garanties, si bien qu'elle ne peut suffire à donner une pleine cohérence à l'ensemble des règles relatives aux moyens d'enquête.

Ce n'est pas dire bien sûr que toutes les garanties entourant les moyens d'enquête doivent être strictement identiques, le degré de protection devant être proportionnel à l'atteinte aux droits fondamentaux impliquée par le moyen d'enquête. Le projet de loi Justice en fournit lui-même un exemple avec l'intégration de l'activation à distance d'un appareil électronique dans les modalités de la

[54] Rapport Sauvé, p. 194.

géolocalisation[55] et des sonorisations[56]. Une telle mesure, nécessairement attentatoire au droit à la vie privée de l'individu, doit être particulièrement encadrée, ce qui explique sans doute que le projet de loi ne permette pas l'activation à distance dans les mêmes conditions qu'une géolocalisation ou sonorisation classiques. Dans le premier cas, c'est l'autorité chargée d'autoriser la mesure qui diffère. En effet, l'activation à distance doit être autorisée par le JLD[57], alors que la géolocalisation simple peut l'être par le procureur lors de l'enquête[58]. L'activation à distance ne peut de surcroît être permise que lorsque l'infraction objet de l'enquête ou de l'instruction et un crime ou un délit puni d'au moins dix ans d'emprisonnement[59], contre trois ans d'emprisonnement en cas de géolocalisation classique[60]. Dans le second cas, plus attentatoire à la vie privée que la géolocalisation[61], c'est la durée de l'autorisation d'activation à distance qui diffère de la durée classique de sonorisation. En enquête, l'autorisation par le JLD est en effet « réduite à quinze jours, renouvelable une fois »[62], alors que la sonorisation classique est autorisée pour une « durée maximale d'un mois, renouvelable une fois »[63]. En instruction, l'activation à distance est autorisée par le juge d'instruction pour deux mois, renouvelable sans pouvoir excéder six mois[64], alors qu'en cas de sonorisation traditionnelle, la durée est de quatre mois, renouvelable

---

[55] Projet de loi Justice, art. 230-34-1.
[56] Projet de loi Justice, art. 706-96-2.
[57] Projet de loi Justice, art. 230-34-1.
[58] *C. proc. pén.*, art. 230-33 1°.
[59] Projet de loi Justice, art. 230-34-1.
[60] *C. proc. pén.*, art. 230-32 1°.
[61] CEDH, *Uzun c. Allemagne*, 2 sept. 2010, n°35623/05, §72.
[62] Projet de loi Justice, art. 706-96-2.
[63] *C. proc. pén.*, art. 706-95-16 al. 1.
[64] Projet de loi Justice, art. 706-96-2.

sans pouvoir excéder deux ans[65]. Les différentes garanties divergent ainsi en fonction du caractère plus ou moins attentatoire à la vie privée.

Dans la même veine, si l'intégration de la vidéosurveillance sur la voie publique au sein des moyens d'enquête généraux devait avoir lieu[66], cela pourrait être l'occasion de discuter des garanties devant entourant un tel acte. Pour l'instant, la Cour de cassation estime qu'en tant qu'acte attentatoire à la vie privée, il ne peut être effectué par les seuls OPJ et doit être autorisé par le procureur[67] ou le juge d'instruction[68], chacune de ces deux autorités devant fixer sa durée et son périmètre. Si l'autorisation par le juge d'instruction n'est pas problématique, celle du procureur, dont le manque d'indépendance est sans cesse pointé, pourrait être questionnée. Cela étant, dans une perspective d'harmonisation des garanties, l'on pourrait aligner le régime de la vidéosurveillance sur celui de la captation d'images par drone récemment ajouté aux moyens d'enquête généraux. Ainsi, la vidéosurveillance sur la voie publique pourrait être autorisée pour les infractions punies d'au moins trois ans d'emprisonnement[69], par le procureur de la République en flagrance ou préliminaire[70] et par le

---

[65] *C. proc. pén.*, art. 706-95-16 al. 2.

[66] Sur cette question v. *supra*, I-B.

[67] Crim. 8 déc. 2020, n°20-83.885, *Dr. pén.*, 2021, n°2, comm. 36 A. Maron et M. Haas ; *RSC*, 2021 p. 124 obs. N. Jeanne ; *AJ pénal*, 2021, p.98 obs. G. Roussel ; *D. actu.* 6 janv. 2021, obs. S. Fucini ; Crim. 18 mai 2021, n°20-86.266, *D. actu* 1er juin 2021 obs. F. Engel ; *D.* 2021, 1564, obs. J.-B. Perrier ; *AJ pénal*, 2021, 326, obs. R. Mesa ; *JCP G.*, 2021, 711 note Ph. Collet ; *Procédures*, 2021, comm. 201 J. Buisson ; *RSC* 2021 p. 670 obs. P.-J. Delage.

[68] Crim. 11 déc. 2018, n°18-82.365 ; Crim. 18 juin 2019, n°18-86.421, *Procédures*, 2019, n°10, comm. 266 J ; Buisson ; *JCP G.*, 2019, n°39, 947, note. N. Jeanne.

[69] *C. proc. pén.*, art. 230-47 1°.

[70] *C. proc. pén.*, art. 230-48 1°.

juge d'instruction en instruction[71]. Pour rester dans l'harmonisation, la durée de l'autorisation de vidéosurveillance dépendrait de l'autorité à l'origine de la décision : un mois renouvelable une fois pour le procureur, quatre mois maximum, renouvelable sans pouvoir dépasser deux ans pour le juge d'instruction. Cela étant, la vidéosurveillance, comme d'ailleurs la captation d'images, font partie de ce que l'on nomme désormais la preuve numérique, qui nécessite un « encadrement méthodique »[72] pour parvenir à un « droit commun »[73]. Finalement, il apparaît qu'en matière de moyens d'enquête, la procédure pénale a autant besoin d'une réforme que d'une refonte de son Code.

---

[71] *C. proc. pén.*, art. 230-48 2°.

[72] B. Auroy, « La preuve numérique en procédure pénale : un système à (re)construire », *D.*, 2023, p. 697.

[73] A. Mornet, « Vers un droit commun de la preuve numérique ? », *Lexbase Pénal*, 2023, n°57.

ATTRIBUTIONS ET ARTICULATION DES AUTORITES DE L'ENQUETE

GRACE LAUGEL
Doctorante à l'Université de Bordeaux

Dans son allocution du 19 septembre 2017 réalisée à l'occasion du Cycle approfondi d'études judiciaires de l'ENM, monsieur Jean-Claude Marin, procureur général près la Cour de cassation a déclaré ceci « *[...] nos procureurs sont des magistrats parce qu'ils portent sur leurs épaules, comme leurs collègues du siège, la lourde charge de rendre concrète l'idée de Justice dans notre pays* ».

Il est vrai que la procédure pénale n'est pas seulement un droit de réaction que posséderait la société à l'égard d'un individu qui violerait ses normes. Elle est aussi soumise à un équilibre visant à protéger et à garantir un ensemble de droits de la défense et de libertés fondamentales à la personne mise en cause. Pour protéger cet équilibre, elle se doit de réglementer et d'encadrer les prérogatives de l'ensemble des acteurs qui la mettent en œuvre, de l'enquête de police à l'application des peines. Les magistrats du parquet qui ont un rôle de direction de l'enquête policière en sont les garants dans cette phase, tout comme les juges du siège les garantissent dans les autres phases de la procédure pénale.

Le procès pénal commence par cette première phase d'enquête policière qui fait suite à une plainte ou à une dénonciation, soit d'office ou soit sur instruction du procureur de la République en cas d'enquête préliminaire. Elle peut aussi prendre la forme d'une enquête de flagrance quand elle fait suite à un « *crime* » ou un « *délit* », « *qui se commet actuellement* » ou lorsque la personne soupçonnée d'être mise en cause est retrouvée en possession d'objets ou d'indices « *laissant penser qu'elle a participé au crime ou au délit* ».[1] L'enquête policière autorise un certain nombre d'actes qui ont pour finalité de rassembler tous les éléments œuvrant à la manifestation de la vérité (auditions, perquisitions, saisies, etc.). L'ensemble de ces actes est énuméré et encadré par le code de procédure pénale. L'enquête est diligentée par le procureur de la République ou par l'un de ses substituts[2], vice-procureur ou procureur de la République adjoint et c'est à l'issue de cette enquête policière que l'action publique sera ou non mise en œuvre. Le procureur dirige les organes de police ou de gendarmerie. Ainsi, les acteurs de la phase policière sont principalement les policiers et les magistrats du parquet.

Cette phase d'enquête peut être suivie d'une autre, l'information judiciaire qui est dirigée par un magistrat instructeur. L'instruction en elle-même ne sera pas évoquée ici afin d'éviter les redondances dues aux deux contributions précédentes qui sont déjà dédiées à la question d'une part de l'unification des cadres d'enquête[3] et d'autre part aux moyens d'enquête : généralisation ou spécialisation[4] ?

---

[1] Code de procédure pénale, article 53

[2] Code de procédure pénale, article 39

[3] V. DAVID Timothée, « L'unification des cadres d'enquête ? », dans le présent ouvrage, p. 21 et s.

[4] V. DREVET Barbara, « Généralisation ou spécialisation des moyens d'enquête ? », dans le présent ouvrage, p. 43 et s.

L'attribution fait référence à un ensemble de prérogatives ou de pouvoirs dont dispose un individu, en l'espèce, les acteurs de l'enquête que sont les services enquêteurs et le ministère public. L'on sait que ces attributions sont multiples, et qu'elles n'ont cessé de se diversifier et de se complexifier au cours des dix dernières années. Le projet de refonte du code de procédure pénale doit ainsi se faire l'écho de ces évolutions afin de pouvoir répondre de façon réaliste aux préoccupations nombreuses des parquetiers et des enquêteurs qui ont vu leurs prérogatives se modifier sans forcément que celles-ci soient repensées dans une approche plus globale. En effet, on observe une attribution conséquente de pouvoirs aux autorités chargées de l'enquête, ce qui a pour conséquence de solliciter de façon grandissante ces acteurs de la phase policière, sans toutefois que leur soient donnés davantage de moyens juridiques, ou de nouvelles garanties de leur statut.

Ces attributions qui se complexifient questionnent sur les articulations de ces prérogatives données aux autorités d'enquête, c'est-à-dire sur le lien qui les unit et sur les délimitations de leurs pouvoirs. Autrement dit, on ne peut modifier les attributions de ces acteurs sans repenser leur coordination au risque de perdre un équilibre dans les pouvoirs qui sont confiés à chacun.

La réforme du code de procédure pénale proposée par le garde des Sceaux doit se faire à droit constant tout en prenant en compte les améliorations déjà réalisées afin de proposer une nouvelle logique qui se veut à la fois textuelle mais aussi procédurale[5]. En ce qui concerne la phase de l'enquête policière, il faut que d'une façon générale, les

---

[5] *Projet de loi d'orientation et de programmation du ministère de la justice 2023-2027 enregistré à la Présidence du Sénat le 3 mai 2023*, p. 102

compétences attribuées au parquet et aux services enquêteurs soient précisées et redéfinies afin de proposer une phase d'enquête policière cohérente qui prenne en compte tant les évolutions que les modifications législatives de ces dernières années et qui ont été nombreuses.

Il s'agit donc d'abord de s'intéresser au contrôle de l'enquête de police par l'autorité judiciaire (I), à la question du statut du parquet en tant qu'autorité indépendante chargée de la direction de cette phase (II) et enfin à la surveillance des services enquêteurs par l'autorité judiciaire (III).

I- Le contrôle de l'enquête de police par le procureur de la République

L'enquête policière étant dirigée par le procureur de la République, les services enquêteurs sont soumis à son contrôle. Ainsi, la police et la gendarmerie ont l'obligation de lui faire part de toute infraction dont ils auraient connaissance selon l'article 19 du code de procédure pénale. Selon l'article 41 du même code, le procureur possède par ailleurs les pouvoirs de police et peut contraindre les services, en effet, il « *procède ou fait procéder à tous les actes nécessaires à la recherche et à la poursuite des infractions à la loi pénale* ».

Le procureur de la République a vu son rôle être renforcé au cours des dix dernières années notamment par la loi du 3 juin 2016 dans un contexte où l'instruction préparatoire devient de plus en plus rare. Davantage de prérogatives lui ont été données et il se rapproche ainsi de plus en plus du juge d'instruction[6]. L'article 39-3 du code de procédure pénale créé par la loi de 2016 tend effectivement à permettre au procureur, et ce, « *dans le cadre de ses attributions de direction de la police judiciaire* », d' « *adresser des instructions générales ou particulières aux enquêteurs* ». Il a aussi pour mission le « *contrôle [de] la légalité des moyens mis en œuvre par ces derniers, la proportionnalité des actes d'investigation au regard de la nature et de la gravité des faits, l'orientation donnée à l'enquête ainsi que la qualité de celle-ci* ». Comme le juge d'instruction, « *il veille à ce que les investigations tendent à la manifestation de la vérité et qu'elles soient accomplies à charge et à décharge* ». Par ailleurs il choisit, à l'instar du magistrat instructeur, de la suite à donner à la fin de l'enquête qui a été menée. Cependant le rapprochement du magistrat du parquet et du juge d'instruction ne s'accompagne pas d'une modification des garanties octroyées aux parties et notamment au mis en cause. Ainsi, à l'opposé du juge d'instruction, la décision du parquetier ne peut en aucun cas faire l'objet d'un recours. En fait, les garanties déployées dans le cadre de l'information judiciaire n'existent pas de façon générale dans le cadre de l'enquête[7]. Des garanties supplémentaires ont toutefois été créées, la victime, l'individu mis en cause et leurs conseils pouvant solliciter un accès au dossier afin notamment de faire des demandes d'actes ou des observations auprès du parquetier en charge du dossier[8] mais les garanties proposées par ces deux phases procédurales ne restent en aucun cas comparables.

---

[6] BOTTON Antoine, « Le renforcement du rôle du procureur de la République », *AJ Pénal*, 2016, p 562.
[7] *Ibid*
[8] Article 77-2 du code de procédure pénale

S'il n'a jamais été décidé d'emblée d'attribuer plus de prérogatives aux magistrats du parquet, c'est ce qu'ont pourtant fait les réformes successives de ces dernières années. Cela dit, bien que le parquetier ressemble de plus en plus à un juge instructeur, cela ne reste qu'un rapprochement car en aucun cas l'on pourrait dire que l'on substitue le rôle du juge d'instruction au parquetier[9]. Ce rapprochement est toutefois motivé par une volonté de limiter le nombre d'informations judiciaires afin de ne les réserver qu'aux infractions de nature criminelle, et aux enquêtes complexes qui nécessitent l'intervention d'un magistrat spécialisé en la personne du juge d'instruction[10]. A cet égard, il est aussi intéressant de repenser le statut du parquetier.

II- La direction de l'enquête de police par une autorité indépendante

La refonte du code de procédure pénale aurait pu être l'occasion de proposer une solution à l'épineux problème du statut du parquetier. En effet, selon l'article R.2-16 du code de procédure pénale, toutes les mesures de contrainte doivent en effet se réaliser « *sur décision ou sous le contrôle effectif de l'autorité judiciaire* », et dans la phase de l'enquête, ce rôle est tenu par le procureur de la République. Le Conseil Constitutionnel précise d'ailleurs que l'autorité judiciaire comprend « *à la fois les magistrats du siège que ceux du parquet* »[11].

---

[9] *Ibid*

[10] *Projet de loi d'orientation et de programmation du ministère de la justice 2023-2027 enregistré à la Présidence du Sénat le 3 mai 2023*, p. 208

[11] Cons. Const. 22 avril 1997, n°97-389 DC

Cependant, de nombreux arrêts de la Cour européenne des droits de l'homme ont refusé de donner le statut d'autorité indépendante au parquet puisqu'il nourrit des liens importants avec le pouvoir exécutif. Cela a notamment été énoncé dans l'arrêt Medvedyev et autres c/ France du 10 juillet 2009 ou dans l'arrêt Moulin c/ France du 23 novembre 2010. Cela dit, si le parquetier n'est pas considéré comme une autorité indépendante par la Cour européenne des droits de l'homme, c'est uniquement lorsqu'il agit aux fins le contrôle des mesures de privation de liberté.

Pourtant, les évolutions législatives qui ont suivi ces arrêts ont tenté d'affirmer l'indépendance du parquet à l'égard du ministre de la Justice, notamment par la loi n°2013-669 du 25 juillet 2013 qui a modifié l'alinéa 3 de l'article 30 du code de procédure pénale afin de limiter le pouvoir du garde des Sceaux ajoutant qu'« *il ne peut adresser aucune instruction dans des affaires individuelles* ». Cette même loi dans son article 31 demande à ce que le parquetier exerce l'action publique « *dans le respect du principe d'impartialité auquel il est tenu* ». La loi du 3 juin 2016 n°2016-731 a ajouté pour sa part l'article 39-3 dans le code de procédure pénale afin de confier au ministère public la mission consistant « *à ce que les investigations [...] soient accomplies [...], dans le respect des droits de la victime, du plaignant et de la personne suspectée* ». Cela dit, ces tentatives peuvent paraître assez peu convaincantes car le ministère public est l'acteur central et unique de l'enquête policière. Autrement dit, les prérogatives qu'on lui a conférées ne peuvent être que difficilement contrebalancées.

Si ces évolutions ne sont pas suffisantes, il faudrait, pour conférer une véritable indépendance au ministère public, pouvoir tout d'abord donner aux magistrats du parquet les mêmes garanties de nomination que ceux du siège. Le Conseil supérieur de la magistrature devrait ainsi pouvoir faire les propositions de nomination pour les procureurs de la République, ceux du parquet général et ceux de près la Cour de cassation. Les autres magistrats pourraient eux être proposés par le garde des Sceaux après que le CSM ait rendu un avis conforme. Pour parachever cette indépendance, il serait aussi nécessaire de laisser le CSM avoir la main mise sur les sanctions disciplinaires en lieu et place du ministre de la Justice. Pour l'instant cependant, les membres du parquet ne sont toujours pas nommés sur avis conforme du Conseil supérieur de la magistrature et celui-ci n'est pas compétent pour les sanctions disciplinaires qui relèvent toujours de la décision du Garde des Sceaux.

Par ailleurs, les différences de garanties entre les magistrats du siège et du parquet restent encore trop importantes. Il faut ainsi rappeler que les magistrats du siège sont les seuls qui sont inamovibles selon l'article 64, alinéa 4 de la Constitution. Par ailleurs, l'article 65 de ladite Constitution rappelle que la nomination des parquetiers est propre à leur corps car le Conseil supérieur de la magistrature n'émet à leur égard qu'un avis simple et qu'en matière de sanction disciplinaire, il ne dispose que d'un avis. Le parquet nourrit également un lien étroit avec le pouvoir exécutif car il a pour mission de mettre en œuvre sur son ressort, la politique déterminée par le gouvernement, et ce par le biais des instructions générales qui sont données par le garde des Sceaux. Le parquet doit aussi tenir informé sa hiérarchie de certaines affaires signalées et des investigations réalisées les concernant. Des rapports annuels, comprenant des statistiques et des observations du fonctionnement de chaque parquet et de l'évolution du contentieux, sont aussi envoyés au ministère de la Justice.

Cela dit, on peut douter que cette modification statutaire puisse réellement suffire à faire du ministère public une autorité indépendante, tant il est reste des liens forts avec le garde des Sceaux notamment par l'existence des instructions générales

III- La surveillance des services enquêteurs par l'autorité judiciaire

Le Conseil constitutionnel dans une décision du 10 mars 2011 rappelle le lien hiérarchique entre l'enquêteur et l'autorité judiciaire: « *Considérant qu'il résulte de l'article 66 de la Constitution que la police judiciaire doit être placée sous la direction et le contrôle de l'autorité judiciaire ; qu'à cette fin, le code de procédure pénale, notamment en ses articles 16 à 19-1, assure le contrôle direct et effectif de l'autorité judiciaire sur les officiers de police judiciaire chargés d'exercer les pouvoirs d'enquête judiciaire et de mettre en œuvre les mesures de contrainte nécessaires à leur réalisation* »[12]. Si selon l'article 41 du code de procédure pénale, il « *procède ou fait procéder à tous les actes nécessaires à la recherche et à la poursuite des infractions à la loi pénale* » et « *dirige l'activité des OPJ et APJ dans le ressort de son tribunal* », c'est le procureur général qui dispose en réalité de la surveillance de la police judiciaire[13] avec l'aide de la chambre de l'instruction.

L'article 19-1 du code de procédure pénale prévoit ainsi que « *la notation par le procureur général de l'officier de police judiciaire habilité est prise en compte pour toute décision d'avancement* ». Cette notation a lieu tous les deux ans[14] et

[12] Cons. Const. 10 mars 2011, n°2011-625 DC, paragraphe 59

[13] Code de procédure pénale, article 13

[14] Article D.44 et D.45 du code de procédure pénale

chaque OPJ dispose d'un dossier individuel concernant son activité.

Cependant, dans les faits, la notation donnée aux OPJ n'a aucun impact sur leur carrière. Si celle-ci est réalisée par le procureur général, celui-ci l'effectue en grande partie grâce à une pré-notation faite par le procureur de la République. La recommandation n°13 de la Cour des comptes concernant la police judiciaire prévoit qu'il serait plus adapté de déléguer la notation aux chefs des formations d'enquête. Seules les carences dans leurs carrières professionnelles qui seraient en revanche observées par le parquet pourraient être signalées[15].

Les attributions et les articulations des autorités de l'enquête ne peuvent être réformées dans le code de procédure pénale que si l'on prend en compte la place prépondérante occupée par l'enquête de police par rapport à l'instruction. Celle-ci doit notamment se faire à travers la redéfinition du statut du parquet qui doit véritablement devenir une autorité indépendante.

---

[15] *Les moyens affectés aux missions de police judiciaire, Observations définitives*, Cour des comptes, 4e chambre, 1ère section, publié le 11 mai 2023, recommandation n°13 du rapport de la Cour des comptes sur la police judiciaire

LE STATUT DU SUSPECT DURANT L'ENQUETE

CHJARA BUCHARD
Doctorante à l'Université de Bordeaux

En l'état, la notion de suspect en procédure pénale présente un paradoxe. Incontestablement, la notion est salutaire car elle est source de statuts particuliers qui permettent de matérialiser le grand enjeu de la procédure pénale : celui de l'équilibre entre l'efficacité procédurale et le respect des droits et libertés individuelles. Pour autant, le fait de matérialiser cette suspicion par l'octroi de statuts peut faire naître dans l'opinion publique une stigmatisation qui atteint considérablement la présomption d'innocence de la personne suspectée[1]. Le législateur doit alors prendre en compte ces deux enjeux lorsqu'il touche au statut du suspect en phase d'enquête. D'ailleurs, c'est ce qui sous-tend son action dans le cadre du projet de refonte du code de procédure pénale.

A la lecture du code de procédure pénale, la qualification de suspect au singulier dans le cadre de cette intervention peut interroger dans la mesure où plusieurs types de suspects y sont traités en phase d'enquête, entendue largement comme comprenant l'enquête policière et l'information judiciaire. En phase d'enquête policière, il existe des personnes sur lesquelles il existe « *une ou plusieurs raisons plausibles de*

---

[1] Rapport du comité des États généraux de la justice - (octobre 2021-avril 2022), p.123

soupçonner »[2] une quelconque implication dans un schéma infractionnel. Il en va de même en phase d'instruction où les soupçons se matérialisent par « *des indices rendant vraisemblable* »[3] la participation de la personne à ce schéma. Ces indices entraînent subséquemment l'octroi de statuts particuliers, ceux de témoin assisté et de mis en examen. En réalité, si différents régimes existent, une même logique s'applique : le suspect est celui sur lequel s'exerce une suspicion[4] et qui en contrepartie va bénéficier de certaines garanties procédurales. L'objectif derrière la mise en place d'un statut du suspect est celui d'une protection de la personne suspectée qui peut se voir imposer des mesures attentatoires à ses droits et libertés. Le statut du suspect permet de rendre compte de la façon dont le législateur crée un équilibre entre les mesures permises, en raison de la suspicion qui est exercée, dans les limites qui sont justifiées par les droits et libertés fondamentaux, ici mobilisés sous la forme de garanties procédurales.

Le fait de mettre le sujet au singulier implique alors de traiter de cette notion générique de suspect durant l'enquête à l'aune du projet de refonte de la procédure pénale. Le statut du suspect n'est pas exempté des mouvements de complexité et d'illisibilité croissants de la procédure pénale. Il a alors plus que sa place dans le cadre de cette étude dédiée à l'examen de la refonte du code de procédure pénale. Le but de cette intervention sera dès lors d'exposer

---

[2] Par exemple : article 28 alinéa 5, article 55-1 alinéas 1 et 4 ou article 77-4 alinéa 1 du code de procédure pénale

[3] Articles 80-1 alinéa 1 et 113-2 alinéa 2 du code de procédure pénale

[4] DEFFERRARD F. *Le suspect dans le procès pénal*, Edition mare & martin, Collection *Droit privé et sciences criminelles*, p.33 et s.: le suspect est une condition juridique qui est évolutive, elle va évoluer tout le long du procès pénal. Elle rend compte d'un « *état juridique intermédiaire* » entre « *l'innocent et le coupable* », d'un point de vue plus juridique, entre « *le témoin et le condamné* »

2) L'éclatement des dispositions relatives au statut du suspect durant l'enquête

Le projet de loi insiste sur le fait que les dispositions relatives à l'enquête et l'instruction soient éclatées dans le code de procédure pénale[7]. *De facto*, la lecture globale d'un statut se fait alors au prix de nombreux renvois, qui ne sont d'ailleurs pas nécessairement formalisés, ce qui est une autre grande source de complexité. Deux formes d'éclatement peuvent être soulignées, tant au sein même des titres que par la mise en place de chapitres éloignés formellement dans l'architecture du code de procédure pénale.

Les dispositions relatives au statut du suspect font l'objet d'un éclatement au sein même des titres relatifs aux différentes phases procédurales. Il faut alors jongler entre les différents chapitres, voire sections composant les titres pour pouvoir dresser le statut du suspect durant l'enquête. En matière d'enquête policière, les dispositions relatives au statut du suspect sont éclatées en trois chapitres[8], les deux premiers distinguant en fonction du cadre d'enquête et le troisième ayant trait aux vérifications et contrôles d'identité. *A priori*, il ne paraît pas spécialement critiquable de distinguer en fonction des cadres d'enquête, mais il s'avère que le chapitre relatif à l'enquête préliminaire fait systématiquement des renvois aux dispositions prévues pour l'enquête de flagrance, ce qui constitue un facteur d'illisibilité. Un constat similaire est à dresser pour le mis en examen, les dispositions relatives à son statut étant éclatées dans les treize sections qui composent le chapitre 1

---

[7] Projet de loi du 3 mai 2023, p.149

[8] Titre II du Livre 1er du Code de procédure pénale

du titre III[9]. Il en va de même pour le statut du témoin assisté, qui bien que l'on puisse noter un effort de synthèse du législateur lui créant une sous-section[10] propre, n'a pas rassemblé toutes les dispositions qui intéressent son statut. À ce titre, tous les cas d'octroi du statut de témoin assisté, soient les cas d'ouverture de ce statut, ne sont pas réunis dans cette sous-section. Les articles 113-1 et 113-2 du code de procédure pénale ne sont pas exhaustifs car deux autres cas sont prévus plus loin dans le code : les articles 122 alinéa 7 et 174-1 du code qui prévoient respectivement l'octroi de ce statut en cas de mandat de comparution, d'amener ou d'arrêt à l'encontre d'un suspect et en cas d'annulation de la mise en examen.

En outre, les différents statuts du suspect subissent un éclatement à l'extérieur même des chapitres qui ont été précédemment énoncés. Cet éclatement est celui qui résulte de la mise en place de procédures pénales spéciales. Par ce biais, le législateur est venu apporter des dérogations aux actes d'enquêtes de droit commun qui sont contenus dans le livre Ier du code de procédure pénale. Le législateur a décidé de ne pas fondre ces dérogations aux dispositions qui existaient déjà mais plutôt de les intégrer à un livre IV « *de quelques procédures particulières* ». L'éclatement est d'autant plus important, trois livres se situent entre les différents régimes. À ce titre, le projet de loi appelle à rassembler les dispositions de droit commun et de droit spécial[11]. Cet éclatement formel entre les dispositions de

---

[9] Chapitre 1er « Du juge d'instruction : juridiction d'instruction du premier degré », Titre III, Livre 1er

[10] Sous-section 2 consacrée au témoin assisté dans le cadre d'une section 4 « Des auditions de témoin » dans le chapitre 1er, Titre III, Livre 1er

[11] Projet de loi du 3 mai 2023, p.155

droit commun et de droit spécial touche indifféremment le statut du suspect en phase d'enquête et d'instruction.

Au regard de ces éléments qui viennent rendre la lecture de la procédure pénale plus que complexe, il est louable que le législateur prenne cet impératif en compte et tente de remédier à cela par une véritable réorganisation structurelle.

B- Une réorganisation structurelle du code de procédure pénale

Dans le cadre de la proposition de réorganisation structurelle du code de procédure pénale, le projet de loi se contente de prévoir quelques orientations (1) ce qui ne permet pas d'anticiper précisément ce qui sera produit, seules des propositions au regard de systèmes existants peuvent être faites (2).

1) Les orientations prévues par le projet de loi

En l'état, bien qu'il insiste grandement sur l'impératif de réécriture du code de procédure pénale, le projet de loi ne s'étend pas plus que cela sur les modalités. En réalité, il renvoie en grande partie à la méthodologie qui a été retenue : l'intervention d'un comité scientifique qui associerait des parlementaires issus des deux assemblées. Le projet ne prévoit rien de plus sur ce point et se contente ensuite d'énumérer quelques éléments sur les principes de réécriture du code de procédure pénale. Ces derniers ne permettent pas d'avoir véritablement une idée claire de ce qui pourrait être proposé à l'issue du travail du comité, mais permettent tout de même d'avoir quelques idées générales de ce que serait formellement le statut du suspect.

Il semble d'abord que d'un point de vue sémantique l'utilisation de la notion de suspect et de ses dérivés va être revue à la hausse. Le projet de loi souligne bien le fait qu'il reste encore dans les parties du code dédiées à la phase préparatoire de la procédure pénale des références à la personne mise en cause comme étant « *l'auteur* » des faits[12]. Il est ensuite mis en exergue le fait que de telles mentions sont attentatoires à la présomption d'innocence et devraient être remplacées par la personne « *soupçonnée* »[13]. Sémantiquement, apparaît donc bien la volonté de pérenniser l'usage du terme suspect qui n'est pas encore exploité à tous les endroits faisant référence à une personne mise en cause[14].

Ensuite, le projet insiste sur l'organisation du code concernant sa structure, il préconise alors une démarche qui respecte au mieux « *la chronologie de la procédure* »[15]. Appliquée au suspect, cette préconisation permettrait *a minima* de réunir les dispositions qui le concernent tant en droit commun qu'en droit spécial. Le projet va même plus loin en encourageant à traiter de manière conjointe de l'audition libre et de la garde à vue en proposant de créer un tronc commun des droits qui doivent être notifiés à ce stade de l'enquête. Cette proposition permettrait de créer une amorce de formalisation du statut du suspect en enquête. En revanche, le projet s'arrête là, rien n'est précisé sur la création d'une partie spécialement dédiée au statut du suspect en tant que tel. Rien n'impose alors à ce stade de revoir la technique législative qui préfère traiter du suspect acte par acte et non pas de manière globale.

---

[12] Projet de loi du 3 mai 2023, p.156

[13] Projet de loi du 3 mai 2023, p.155

[14] Ce mouvement de changement sémantique dans un but de protection de la présomption d'innocence n'est pas nouveau. Il avait déjà été mobilisé par la loi n°2000-516 du 15 juin 2000 sur la présomption d'innocence qui a remplacé le terme « inculpé ».

[15] Projet de loi du 3 mai 2023, p.155

Enfin, la seule proposition qui de prime abord semble réellement vectrice de simplification dans le cadre de la réécriture du code de procédure pénale est celle qui tend à « *limiter au maximum* »[16] les renvois. A la lecture des parties du code de procédure pénale relatives aux nombreux renvois entre dispositions traitant de l'enquête et de l'instruction, par voie de conséquence aussi du statut du suspect au cours de ces phases, cette proposition est louable, encore faut-il voir comment le législateur s'emparera de cette orientation !

2) Une proposition de réorganisation structurelle du statut du suspect durant l'enquête

Les règles intéressant le statut du suspect sont de manière générale mobilisées dans un grand nombre de corpus de règles, de législations, qu'elles soient supranationales ou nationales. La seule différence qui est notable est la technique législative qui vient les formaliser. Il est alors possible de s'inspirer de certains modèles qui seraient potentiellement repris ou qui pourraient inspirer le législateur français dans son travail de réécriture du code de procédure pénale.

Un exemple particulièrement pertinent est celui de la directive du 22 mai 2012 de l'Union européenne[17] qui procède à une véritable déclaration générale des droits et libertés du suspect au cours d'une procédure pénale. La technique est ici simple, elle consiste en la formalisation d'un socle général de garanties qui doivent bénéficier au suspect. La volonté du législateur européen a été de créer une déclaration de droits fondamentaux pour le suspect qui a vocation à irriguer la procédure pénale des États membres.

---

[16] Projet de loi du 3 mai 2023, p.156
[17] Dir. 2012/13/UE, 22 mai 2012

La directive identifie trois types de suspects et crée une gradation dans les garanties qui doivent leur être octroyées. Il identifie trois degrés, le premier est la « *personne suspectée et poursuivie* », le deuxième, la « *personne suspectée ou poursuivie arrêtée ou détenue* » et le troisième, la « *personne suspectée ou poursuivie arrêtée et détenue* ». Le premier niveau pose les bases du socle de droits qui doit bénéficier à chaque suspect et d'autres sont ensuite ajoutés aux deuxième et troisième degrés. Lors de la transposition, l'occasion a été offerte au législateur de suivre l'esprit de cette directive en formalisant dans une même partie les droits et libertés du suspect[18]. Cela aurait d'ailleurs pu être l'occasion de développer l'article préliminaire en y étoffant le III afin d'en faire une partie réservée à cela. Le législateur en 2014 n'a pas suivi cette voie, en revanche, celui de 2023 semble y être plus sensible à la lecture d'une orientation de réécriture qui préconise de traiter d'abord des dispositions générales et transversales avant les dispositions particulières[19].

Le projet de refonte consiste donc en une réécriture du code de procédure pénale, ce qui constituerait bien une avancée considérable en termes de lisibilité de celui-ci. Néanmoins, ce projet de réécriture est le seul pan du projet qui viendrait structurellement modifier le code de procédure pénale et donc répondre à ce qualificatif de refonte dans la mesure ou

---

[18] VERGES E. « Le statut juridique du suspect : un premier défi pour la transposition du droit de l'Union européenne en procédure pénale », *Droit pénal – Revue mensuelle LexisNexis Jurisclasseur*, Juillet- Août 2014, p.13 : l'auteur estime que sur le plan formel, la transposition *a minima* de la directive par le législateur français qui n'a fait qu'ajouter au statut du suspect durant l'enquête des garanties procédurales ponctuelles aux régimes de l'audition libre et de la garde à vue n'est pas fidèle à son esprit qui met en place une véritable déclaration de droits du suspect en phase d'enquête

[19] Projet de loi du 3 mai 2023, p.155

sur le pan substantiel, il ne s'agit en réalité que d'une simple réforme qui se situe dans la continuité de ce qui est fait par le législateur ces dernières années.

II- La continuation d'une simple réforme substantielle

Le projet de refonte lancé par le législateur n'est en rien une refonte substantielle. Seules de ponctuelles modifications ne changeant pas l'essence du statut du suspect durant l'enquête sont effectuées. Plus encore, le projet de réforme vient continuer ce que fait le législateur depuis quelques années. Il n'est pas alors adéquat de qualifier ce mouvement de refonte dans la mesure où tant la stratégie législative de modification substantielle que les logiques inhérentes aux différents statuts du suspect ne sont pas modifiées. En ce sens, le projet de loi vient poursuivre son mouvement de revalorisation du statut de témoin assisté (A) tout en pérennisant les logiques statutaires propres à chaque statut (B).

A- La poursuite d'une revalorisation du statut de témoin assisté

Le témoin assisté est un statut contemporain en procédure pénale qui vient créer un nouvel intervenant. Cet intervenant est dit hybride dans la mesure où il est un témoin tout à fait original, c'est un témoin sur lequel pèse une suspicion, soit un suspect. La phase d'instruction met donc en jeu deux suspects avec deux statuts différents : le témoin assisté et le mis en examen. Statistiquement, il est montré qu'en pratique le statut de mis en examen est quantitativement préféré à celui de témoin assisté. Le législateur s'attache alors depuis les années 2000 à des efforts de revalorisation de ce statut, d'abord en élargissant ses hypothèses de mise en place[20] puis en augmentant progressivement l'étendue des garanties afférentes[21]. C'est exactement la technique qui a été exploitée par le projet de loi qui propose tant un élargissement des droits du témoin assisté (1) qu'une ouverture plus large du mécanisme de passerelle du statut de mis en examen vers le statut de témoin assisté (2).

1) L'élargissement des droits du témoin assisté

Le projet de loi propose une extension considérable, celle d'un alignement quasi absolu du régime de l'expertise prévu par le statut du témoin assisté sur le statut du mis en examen. Ce régime exclut le témoin assisté se bornant à offrir des prérogatives aux « *parties* »[22]. Le projet souligne bien cette asymétrie lorsqu'il relate l'octroi progressif de prérogatives relatives aux expertises au suspect mis en examen. L'alignement serait ici quasi-absolu car le témoin assisté disposerait de multiples prérogatives, sans pour autant être calqué à l'identique sur celui du mis en examen ou de la partie civile qui disposent de prérogatives concernant le contenu de l'expertise qui n'ont pas été octroyées au témoin assisté[23]. Le témoin assisté disposerait alors d'un enrichissement de son statut quant aux expertises. D'abord, en matière de demande d'expertise, une nouvelle prérogative lui serait octroyée, il pourrait être à l'initiative d'une demande d'expertise au juge

---

[20] Par exemple : la Loi n°93-1013 du 24 août 1993 a ajouté un cas d'octroi du statut de témoin assisté à la personne nommée par un réquisitoire du procureur de la République, ou La loi n°2000-516 du 15 juin 2000 vient considérablement élargir l'octroi du statut en plaçant un critère de subsidiarité vis-à-vis du statut de mis en examen

[21] Par exemple : Loi n°2004-204 du 9 mars 2004, Loi n°2007-291 du 5 mars 2007, Loi n°2014-535 du 27 mai 2014

[22] Articles 156 et suivants du code de procédure pénale

[23] Article 165 du code de procédure pénale

d'instruction[24]. Aussi, la possibilité de demander des compléments d'expertises ou une contre-expertise est généralisée[25]. Ensuite, le contradictoire relatif aux expertises lui est ouvert plus largement dans la mesure où la notification des rapports et conclusions des experts[26], même lorsqu'ils sont des rapports d'étapes[27] ou provisoires[28], se fera obligatoirement et ne sera plus uniquement une faculté pour le juge d'instruction. Enfin, le mécanisme est complété par l'octroi au témoin assisté de la faculté d'interjeter appel des décisions rendues par le juge d'instruction qui refuserait d'ordonner une expertise, un complément d'expertise ou une contre-expertise[29].

Le projet de loi propose aussi d'élargir le droit d'appel du témoin assisté. Pour rappel, l'étendue des possibilités de recours du témoin assisté est limitée par rapport à celle du mis en examen. S'il dispose de la possibilité de former des requêtes en nullité[30], il ne dispose pas d'un droit d'appel similaire à celui du mis en examen[31]. Le projet ouvrirait alors au témoin assisté la possibilité d'interjeter appel d'une ordonnance du juge d'instruction qui statue sur le bien-fondé d'une demande tendant à constater la prescription de l'action publique. Une telle possibilité est fermée au témoin

---

[24] Proposition de l'article 156 du code de procédure pénale

[25] Proposition de l'article 167 dernier alinéa du code de procédure pénale qui ne lie plus cette possibilité à la faculté pour le juge d'instruction de notifier le rapport d'expertise

[26] Proposition de l'article 167 du code de procédure pénale par le projet de loi

[27] Proposition de l'article 161-2 du code de procédure pénale par le projet de loi

[28] Proposition de l'article 167-2 du code procédure pénale par le projet de loi

[29] Proposition de l'article 186 du code de procédure pénale par le projet de loi

[30] Article 170 du code de procédure pénale

[31] Exclusion actuelle de l'article 186 du code de procédure pénale

assisté et le Conseil constitutionnel a dans une question prioritaire de constitutionnalité constaté la non-conformité de ce principe à la Constitution dans la mesure où il crée une rupture d'égalité devant la loi. Dans le cadre de sa décision, le Conseil rappelle un point important : rien n'empêche une distinction entre les statuts de mis en examen et de témoin assisté, mais ici une distinction injustifiée est soulevée. Cette rupture d'égalité est alors comblée par le projet de loi qui alignerait sur ce point les deux statuts[32].

2) Le renforcement de la passerelle du statut de mis en examen vers le statut de témoin assisté

Le projet de loi propose un renforcement significatif de la passerelle entre le statut de mis en examen et de témoin assisté. Cette passerelle vise une hypothèse en particulier, dans le déroulé de sa mise en examen, le suspect peut demander à être placé sous le statut de témoin assisté s'il estime que les conditions de ce statut ne sont plus remplies[33]. Pour rappel, la deuxième condition de la mise en examen est relative à une nécessité de mettre en place ce régime en raison de l'insuffisance de l'octroi du statut de témoin assisté[34]. La pertinence de ce mécanisme est relative car il est par nature restreint par la loi qui limite grandement cette passerelle. Elle est soit limitée d'un point de vue temporel à un délai de 6 mois après la mise en examen et tous les 6 mois suivants[35], soit conditionnée à la survenance d'un événement précis[36]. La passerelle est donc limitée, ce

[32] Proposition d'article 186 alinéa 2 du code de procédure pénale

[33] Article statut -1 alinéa 1 du code de procédure pénale

[34] Article 80-1 alinéa 3 du code de procédure pénale

[35] Article 80-1-1 alinéa 2 du code de procédure pénale

[36] Article 80-1-1 alinéa 3 du code de procédure pénale précise le type d'évènement qui est « la notification d'une expertise ou un interrogatoire au cours duquel la personne est entendue sur les résultats

statut de mis en examen ne peut être attribué que si celui de témoin assisté n'est pas suffisant. Concrètement, ce sera en cas de nécessité de mesures de contrainte ou de renvoi du suspect devant une juridiction de jugement. De fait, le statut du témoin assisté peut alors être octroyé dans des cas où la suspicion est équivalente à celle qui justifie une mise en examen. Cette double dimension vient lancer un flou sur la notion de témoin assisté qui sera tantôt une personne sur laquelle s'exerce une suspicion moindre, auquel cas il n'est pas spécialement critiquable que la panoplie des garanties procédurales soit plus restreinte. Or, tantôt il sera aussi un suspect sur lequel s'exerce le même type de suspicion que sur un mis en examen, hypothèse qui paraît plus critiquable du point de vue de la différence de la panoplie des droits de la défense. *In fine*, l'objectif de simplification poursuivi par le projet de loi ne sera pas rempli tant que le législateur ne reviendra pas sur une clarification, voire une revue de la logique même qui est censée justifier le statut de témoin assisté. Cela est d'autant plus critiquable car cette logique suivie par le législateur de minimisation des cas de mise en examen considérée comme trop stigmatisante n'a pas spécialement vocation à tenir dans le temps. Une citation de Pradel permet d'illustrer cette idée, « *l'opprobre pesant naguère sur le mis en examen pourrait bien maintenant atteindre aussi le témoin assisté* »[40].

2) Le maintien du statu quo en matière de suspect durant l'enquête policière

Le statut du suspect durant l'enquête policière n'est en rien totalement refondu par le projet de loi. Hormis de ponctuelles modifications telles que les perquisitions nocturnes, le *statu quo* en matière de statut du suspect reste

---

[40] PRADEL J. « Les personnes suspectes ou poursuivies après la loi du 15 juin 2000. Évolution ou révolution ? », *Recueil Dalloz*, 2001, p.1039

inchangé. Le statut du suspect se maintient alors en l'état. Le suspect n'est pas une partie à la procédure et n'a accès que de manière limitée à un magistrat du siège, l'enquête étant sous la direction d'un magistrat du parquet, le procureur de la République. Le projet de loi reste dans la continuité de ce qui a été fait, il ne traite pas du pendant de la juridictionnalisation de l'enquête qui donnerait lieu à l'octroi de garanties particulières au suspect en lui ouvrant un accès large à un juge. Dans le cadre d'un précédent colloque, il avait été souligné que le mouvement de juridictionnalisation de l'enquête qui avait lieu n'était tourné pour l'instant, en grande partie, que vers son efficacité et non vers les intérêts du suspect[41]. Dans son étude, Capdepon relayait bien l'idée selon laquelle l'accès à un juge du siège, le juge des libertés et de la détention, est ouvert dans un but de légitimation, d'autorisation de l'acte attentatoire. Il n'est en rien vecteur, au stade de l'enquête, d'un accès du suspect à ce juge[42]. La logique est même réutilisée par le projet de loi qui dans le cadre de la généralisation des perquisitions de nuit aux enquêtes de droit commun les soumet à l'autorisation du juge des libertés et de la détention, sans pour autant offrir au suspect à ce stade une voie vers ce juge qui serait source de droits de la défense[43]. Plus encore, un grand nombre d'actes attentatoires aux droits des suspects, notamment le droit à la vie privée et ses corollaires, présentent une garantie procédurale pour le suspect, celle d'un acte ne pouvant être autorisé que par une ordonnance écrite et motivée par le magistrat compétent. Pourtant, en phase d'enquête, bien

---

[41] *La juridictionnalisation de l'enquête pénale*, Actes du colloque ISCJ/ENM Bordeaux, 30 avr. 2014, O. Décima (dir.), Cujas, coll. Actes et études, mars 2015, p.110

[42] *Op. cit.* note 39. p.110

[43] Projet de loi du 3 mai 2023, p.164 : le projet n'ajoute aucune garantie procédurale nouvelle

que le suspect puisse en avoir connaissance, rien ne lui permet de contester cette autorisation dans la mesure où il ne peut, en principe[44], émettre des requêtes en nullité. Le suspect devra attendre de bénéficier d'un droit de recours, soit attendre que la suspicion à son encontre atteigne un degré supérieur, par son renvoi devant une juridiction de jugement ou par son placement sous le statut de témoin assisté ou de mis en examen.

In fine, les conclusions sont mitigées quant au projet de refonte du code de procédure pénale concernant le statut du suspect durant l'enquête. Il ne fait aucun doute qu'une réécriture qui réorganiserait complètement le code de procédure pénale serait gain d'une simplification effective de la procédure. Le constat n'est en revanche pas le même concernant la substance même des dispositions permettant de mettre en place les différents statuts des suspects qui reste inchangée dans son esprit par la réforme du code de procédure pénale et qui maintient en l'état le statut du suspect durant l'enquête.

[44] Exception prévue à l'article 802-2 du code de procédure pénale

SECONDE PARTIE

L'AMELIORATION DE LA GARANTIE DES DROITS

LE CHOIX DU MODELE PROCEDURAL

PAULINE ALMEIDA VELOSO ET CASSANDRA TALLON-ESPIGARES
Master 2 Droit pénal approfondi de l'Université de Bordeaux

Une justice plus protectrice, plus rapide, plus proche[1], voilà la promesse faite par le Garde des Sceaux lors de sa présentation du projet de refonte du Code de procédure pénale. Or, une telle ambition revient parfois à concilier deux objectifs en apparence contradictoires que sont la sauvegarde des libertés des individus et la nécessité de conserver une répression efficace. Pour arriver à un tel compromis, le choix du modèle procédural se révèle être un enjeu de taille puisque, révélateur des valeurs défendues par un système juridique, celui-ci renvoie au choix que le législateur doit opérer lorsqu'il fixe l'ensemble des règles qui définissent la manière de procéder pour les investigations, le jugement et l'exécution des peines.

Dans le rapport des États généraux de la justice portant sur la simplification de la procédure pénale[2], a été exprimé le souhait de « préserver l'héritage historique et culturel de la tradition judiciaire française » en

[1] Dupond-Moretti, E. (3 mai 2023). Loi Justice : « La justice doit être plus rapide, plus proche, plus protectrice » (propos recueillis par Thibaut Chevillard). 20 minutes.
[2] Ministère de la Justice (2022). Atelier Simplification de la procédure pénale : Travaux restitués au comité des États Généraux de la justice.

conservant un modèle procédural mixte. En effet, traditionnellement, la procédure pénale française est présentée comme étant inquisitoire aux stades de l'enquête et de l'instruction, ce système ayant pour particularité d'opter pour une procédure secrète, non contradictoire et écrite, et accusatoire au stade du jugement, ce système-là se caractérisant, à l'inverse, par une procédure publique, orale et contradictoire. En effet, symbole des pays de *Common Law*[3], le modèle accusatoire, comme son nom l'indique, laisse une part belle à l'accusation, et plus largement aux parties privées, puisque ce sont elles qui déclenchent les poursuites et les mènent à terme devant un juge essentiellement passif. A l'opposé du spectre des modèles procéduraux mis en lumière par les auteurs, le modèle inquisitoire, quant à lui, isole les parties privées et valorise le rôle des magistrats professionnels qui dictent alors la conduite de la procédure et du jugement. Toutefois, il est possible de douter d'une telle classification de la procédure pénale française dès lors que les phases d'enquête et d'instruction présentent une oralité et une contradiction de plus en plus affirmées et que de nombreuses réformes ont participé à intégrer l'écrit au support de l'oralité de la procédure. L'objet de cette intervention n'est donc pas de savoir de quel côté pencher : un modèle purement accusatoire ou un modèle purement inquisitoire. En effet, cette dichotomie manichéenne, depuis longtemps dépassée, est d'ailleurs remise en cause par de nombreux auteurs, certains allant même jusqu'à la considérer

---

[3] Langer, M. « La portée des catégories accusatoire et inquisitoire », *Revue de science criminelle et de droit pénal comparé*, 2014, n°4, p.707-728. p. 709.

comme étant une « construction étroite et stérile »[4] raison pour laquelle, à la place, a été proposée une distinction entre un modèle hiérarchique et un modèle coordonné ou encore entre un modèle de mise en œuvre de politiques et le modèle de résolution de conflit[5].

En tout état de cause, le choix opéré par le législateur concernant le modèle procédural est loin d'être sans conséquence puisqu'il témoigne d'un modèle normatif auquel adhère, ou n'adhère pas, la procédure pénale française dès lors que la refonte du modèle procédural intéresse autant les acteurs de la justice pénale que les mesures d'investigations mises en œuvre par ces derniers par exemple. De la balance ainsi opérée concernant l'influence de chaque système découle donc des règles pratiques, concrètes ayant une réelle incidence sur le déroulé des investigations et du jugement. Cette question n'est donc pas uniquement théorique mais possède une dimension pratique indéniable.

Ainsi, comment les règles procédurales présentes au sein du droit positif, du rapport Sauvé et de l'avant-projet de loi Justice permettent-elles une balance équilibrée entre influences inquisitoire et accusatoire au sein du modèle procédural français ?

A première vue, se pencher sur l'état du droit positif semble inutile puisque ce colloque est tourné vers l'avenir de la procédure pénale. Toutefois, la refonte du Code de procédure pénale est ici censée se faire à droit

---

[4] Damaska, M., *The faces of Justice and State Authority: A comparative approach to the Legal Process*, Yale University Press, 1986 cité par Langer, M., *op. cit.*, note 68.
[5] *Ibid.*

constant[6], c'est-à-dire sans modification de l'ordre juridique[7], de sorte que l'étude des règles actuelles présente un intérêt indubitable bien que des modifications soient également proposées au sein de l'avant-projet. Aussi, si la procédure pénale française opère un équilibre entre influences accusatoire et inquisitoire au sein du régime procédural adopté, un souffle suffit pourtant à tout faire bouger[8]. Si la tendance sécuritaire ayant cours depuis deux décennies a conduit le législateur à se prononcer en faveur d'une dominance de l'influence inquisitoire, les droits reconnus aux individus n'ont pourtant cessé de se développer, notamment en raison de l'influence exercée par les juridictions européennes et constitutionnelle, ce qui a conduit au maintien indéniable d'une influence accusatoire, bien que minoritaire. De fait, si le législateur semble se prononcer en faveur d'un système à tendance inquisitoire en phase présentencielle de la procédure pénale (I), l'influence exercée par le système accusatoire demeure, conduisant au maintien d'un système mixte à tous les stades de la procédure pénale (II).

I- La prédominance du système inquisitoire en phase présentencielle

Malgré le mouvement législatif récent visant à renforcer

---

[6] Comme souligné au sein d'autres interventions de ce colloque, cette affirmation est toutefois discutable. Voir, par exemple, les propos introductifs du professeur Farah Safi, p. 7 et s. ou encore l'intervention de Barbara Drevet portant sur « Les moyens d'enquête : généralisation ou spécialisation », p. 45 et s.

[7] Ministère de la Justice (24 août 2006). Réponse apportée à la question de Mme Henneron Françoise en séance publique le 23 août 2006. Journal officiel Sénat, p.2217.

[8] « Le vrai de l'équilibre, c'est qu'il suffit d'un souffle pour faire tout bouger » : Gracq, J., *Le Rivage des Syrtes*, 1951, p.49.

la dimension accusatoire de la phase présentencielle, le législateur développe, en parallèle, les prérogatives accordées aux acteurs de la phase préparatoire et entrave l'exercice des droits reconnus aux individus, témoignant ainsi de ses hésitations à s'éloigner du schéma traditionnel de la procédure pénale française. Particulièrement révélatrice des fondements et évolutions d'une société[9], cette dernière connaît majoritairement des manifestations du système inquisitoire au stade de la phase présentencielle en privilégiant l'intérêt général sur les libertés individuelles. Aussi, le législateur œuvre davantage dans le sens d'une répression efficace (A), conduisant, de fait, au maintien inévitable d'un système majoritairement inquisitoire (B).

A- L'efficacité de la répression comme source de domination du système inquisitoire

Dans les sociétés contemporaines, la répression est envisagée comme un moyen privilégié de protection contre l'insécurité engendrée par un foisonnement des risques[10], notamment lorsqu'ils touchent aux personnes ou aux biens. Rappelons, par exemple, que les différents attentats ont largement contribué à développer les prérogatives répressives des autorités judiciaires. Par ailleurs, le recours à la réponse pénale répond à une attente de l'opinion publique qui accepte un renforcement de l'arsenal répressif au détriment des libertés individuelles dans le but de lutter contre l'insécurité. A titre d'exemple, dans l'hypothèse d'une ordonnance de non-lieu en cas d'irresponsabilité pénale

---

[9] Verny, E., *Procédure pénale*, Dalloz, 2022, 8e éd., p.1.

[10] Chevallier, J., « L'État de droit au défi de l'État sécuritaire », *in Le droit malgré tout. Hommage à François Ost,* Presses de l'université Saint-Louis, 2020, pp. 293-312.

pour cause de trouble mental[11], le juge pénal peut prononcer des sanctions contre une personne qui n'est pas responsable dans le seul but de protéger l'intérêt général et l'ordre public. Il y a ici un véritable dévoiement de la responsabilité pénale, le système libéral de protection des libertés ayant été élaboré pour protéger les libertés individuelles en soumettant le prononcé d'une sanction à la reconnaissance d'une responsabilité pénale. Toutefois, dans la mesure où elle s'inscrit dans une logique sécuritaire souhaitée par le corps social, cette possibilité offerte au juge n'a pas été remise en cause. Ainsi, le corps social renonce volontairement à sa liberté pour s'assurer une sécurité, même illusoire puisque la commission de l'infraction ne sera pas entravée pour autant. Il en va de même pour les mesures de sûreté dont les lois qui en traitent, contrairement à celles relatives aux peines, peuvent être rétroactives même lorsqu'elles sont plus sévères. Ce faisant, toute une catégorie de personnes est laissée pour compte, ne bénéficiant plus de la protection de la légalité criminelle. Or, ce sont souvent ceux dont on ne peut engager la responsabilité pénale qui sont privés d'une telle protection, et ce, tant par la Cour de cassation que par le Conseil constitutionnel et la Cour européenne des droits de l'homme. Cette faveur donnée à la répression contribue à la dominance d'un système inquisitoire dont l'efficacité répressive n'est plus à prouver et se traduit notamment par l'augmentation du nombre d'incriminations[12], des pouvoirs octroyés aux autorités qui contribuent à la réponse pénale ainsi que des mesures dont elles disposent.

Cette recherche d'efficacité peut aussi s'expliquer au regard du poids du temps légitimant lavolonté affirmée

---

[11] C. proc. pén., art. 706-120.
[12] *Ibid.*

par le Garde des Sceaux d'accélérer le processus juridictionnel[13]. D'ailleurs, plusieurs propositions du Rapport du groupe de travail sur la simplification de la procédure pénale sont en ce sens, à l'image des mesures permettant d'accélérer la clôture de l'instruction[14]. De plus, l'exigence du délai raisonnable en procédure pénale peut expliquer que la phase présentencielle de la procédure pénale offre une place moins importante aux parties privées en ce qu'une intervention trop importante de leur part pourrait être considérée comme une source de lenteur et conduirait à étendre déraisonnablement la procédure dans le temps, ce qui leur coûterait tant émotionnellement que financièrement. A cela s'ajoute qu'une phase présentencielle trop longue pourrait engendrer une déperdition des preuves et nuire à la réponse pénale qui pourrait être apportée par le jugement.

Enfin, l'efficacité de la répression nécessitant un certain secret lors de la période de récolte des preuves, existe une culture de l'inquisitoire au sein de la pratique[15]. En effet, comme certains sociologues ont pu le relever, une partie du pouvoir de la police judiciaire découlerait « du secret dont elle s'entoure »[16]. Il n'est pas ici question du secret tel que consacré par l'article 11 du Code de procédure pénale mais bien de la pratique d'un secret, notamment en enquête. Cela explique la crainte importante, et assez ancienne, que la communication d'informations au suspect puisse nuire à l'efficacité de l'enquête en

---

[13] V. *supra.*

[14] Ministère de la justice, *Atelier Simplification de la procédure pénale : Travaux restitués au comité des États Généraux de la justice*, 2022, p.13.

[15] Scherer, T., *Le principe du contradictoire en phase d'enquête de police judiciaire,* thèse, Univ. Caen, 2022, p. 150.

[16] Chauvenet, A., Orlie, F., *Interroger la police*, Sociologique du travail, 1985, p.455.

question[17] puisque l'individu pourrait, au regard des informations obtenues, prendre la fuite, cacher des éléments de preuve susceptibles de conduire à une condamnation future ou encore modifier son comportement s'il se sait observé. Dans cette hypothèse, accroître le contradictoire, élément caractéristique d'un système accusatoire, permettrait un équilibre entre la répression et le respect des libertés individuelles mais nuirait à l'efficacité des investigations. Il est d'ailleurs à noter que la marginalisation de l'instruction découle de cette recherche d'efficacité[18].

Ainsi, la recherche d'efficacité qui anime la politique pénale conduit à privilégier la répression au détriment de la protection des libertés individuelles et explique la dominance du système inquisitoire au sein de la procédure pénale française. Cette logique, toujours d'actualité au regard des propositions émises par le rapport du comité des États généraux, permet d'affirmer le maintien inévitable d'un système majoritaire inquisitoire au stade de la phase présentencielle dans le cadre de la refonte du Code de procédure pénale.

B- Le maintien inévitable d'un système majoritairement inquisitoire en phase présentencielle

La recherche d'efficacité qui anime la procédure pénale s'illustre particulièrement au stade de l'enquête qui est une phase inquisitoire menée unilatéralement par le

[17] Desportes, F., Lazerges-Cousquer, L., *Traité de procédure pénale*, Economica, Coll. Corpus Droit privé, 2012, 2e éd., p.978.

[18] Chemin, A., « La marginalisation du juge d'instruction », *LeMonde* du 6 janv. 1996, consultable en ligne : https://www.lemonde.fr/archives/article/1996/01/06/la-marginalisation-du-juge-dinstruction_3706249_1819218.html.

procureur de la République, oùles parties jouent un rôle relativement passif et où les possibilités de recours sont restreintes ainsi que peu effectives. S'il est vrai que certains actes particulièrement attentatoires aux libertés des individus nécessitent l'accord préalable du juge des libertés et de la détention, il n'en demeure pas moins que celui-ci ne dispose pas des moyens juridiques et matériels nécessaires[19] pour mener à bien son contrôle et constituer un véritable contrepoids face aux pouvoirs grandissants du magistrat du parquet[20]. En effet, au gré des réformes, le procureur de la République a vu ses prérogatives être considérablement développées, de telle sorte que certains estiment qu'il est devenu « l'homme le plus puissant de France »[21]. Le procureur de la République a effectivement diverses missions. Il est d'abord directeur de l'enquête en ce qu'il dirige la police judiciaire et procède ou fait procéder aux actes nécessaires à la recherche et à la poursuite d'une infraction. Il a ensuite un pouvoir d'autorisation, la loi du 22 décembre 2021 lui octroyant un pouvoir discrétionnaire important s'agissant des observations et demandes d'actes présentées par les parties ainsi que de l'accès au dossier qu'il peut décider d'accueillir ou non jusqu'au terme de deux années après un interrogatoire ou une perquisition[22]. Enfin, le procureur a également une fonction juridictionnelle puisqu'il peut décider de classer sans suite ou de poursuivre et peut prononcer des sanctions. Le développement constant des prérogatives du parquet ravive le débat sur la nécessité de réformer son statut,

---

[19] Scherer, T., *op. cit*, p.262.

[20] Matsopoulou, H., « Quelle étendue de la juridictionnalisation », *in* Décima, O. (dir.). *La juridictionnalisation de l'enquête pénale*, Cujas, 2015, p. 71.

[21] Conte, P. « Le divan d'Hercule », *Droit pénal* 2019, n° 3. p 1.

[22] C. proc. pén., art. 77-2.

proposition également effectuée par le rapport du comité des États généraux. La seule réforme du statut des magistrats du parquet ne semble cependant pas suffire à garantir une indépendance suffisante au regard de leurs fonctions, et cela même lorsqu'il est affirmé de manière assez illusoire qu'ils veillent à ce que les investigations soient menées à charge et à décharge. Ainsi, il apparaîtrait pertinent de rendre au procureur ses fonctions originelles que sont les investigations et la poursuite et d'encadrer concrètement les fonctions du juge des libertés et de la détention[23].

Par ailleurs, alors que la distinction entre enquête de flagrance et enquête préliminaire permettait de différencier une enquête attentatoire aux libertés d'une enquête qui ne l'était pas mais qui servait l'ordre public, la frontière entre les deux tend, depuis quelques années, à devenir poreuse. La contrainte a en effet été introduite progressivement en enquête préliminaire, notamment par l'insertion d'actes d'instruction en enquête policière dans un premier temps dans des régimes spéciaux comme en matière de criminalité organisée, dans un second temps en droit commun par la loi Perben II. Les dispositions applicables en droit commun ont d'ailleurs été renforcées par la loi du 23 mars 2019 qui a abaissé le seuil de gravité des infractions pour lesquelles une autorisation judiciaire peut suppléer le défaut de consentement de l'intéressé. Ce faisant, le législateur tend à accroître toujours davantage le rôle des magistrats et fait primer l'intérêt général sur celui de la personne concernée par la mesure. De plus, cette situation interroge sur la pertinence d'un cadre unique d'enquête, le rapport du comité des États généraux affirmant que, dans une telle

[23] Voir en ce sens la proposition du rapport du comité des États Généraux de la justice, p.200.

hypothèse, le régime applicable devrait être celui de l'enquête préliminaire mais cette proposition pourrait être source de complexification de la procédure[24]. En outre, certaines propositions effectuées par l'atelier de simplification de la procédure pénale vont dans le sens d'un accroissement de l'inquisitoire en raison de leur caractère répressif et de l'objectif qu'elles poursuivent. En effet, celles-ci font mention d'un allongement de la durée de l'enquête de flagrance pour certaines infractions[25] ou encore d'une possibilité de passer outre les heures légales pour la réalisation de certains actes. De même, en instruction, sur la question de la mise en place d'une assignation à résidence sous surveillance électronique, l'avant-projet de loi envisage en son article 142-6-1, de manière particulièrement répressive et attentatoire aux libertés, de permettre au juge des libertés et de la détention d'ordonner le placement conditionnel de la personne mise en examen sous assignation à résidence avec surveillance électronique en décidant de son incarcération provisoire jusqu'à la mise en œuvre de l'assignation. Outre la question de la proportionnalité de cette mesure et de l'atteinte qu'elle est susceptible de porter aux libertés individuelles, la mise en œuvre d'une telle disposition rencontrerait un obstacle de taille en pratique au regard de la surpopulation carcérale[26].

Ainsi, au regard de la logique législative, la phase avant jugement semble destinée_à demeurer majoritairement inquisitoire mais il faut veiller à ne pas étendre plus que

---

[24] Pour plus de développements sur le cadre unique d'enquête, v. T. David, « L'unification des cadres d'enquête ? », cet ouvrage, p. 25 et s.
[25] La durée passerait alors de 8 à 16 jours pour les infractions punies d'une peine supérieure à cinq ans d'emprisonnement.
[26] A titre d'exemple, le centre pénitentiaire de Bordeaux-Gradignan connaît une surpopulation de 230%.

de raison la portée de ce système attentatoire aux libertés individuelles. En parallèle, et de manière plus que souhaitable, l'influence du système accusatoire n'est pas en reste puisqu'au fil des années, elle tend à se renforcer. Malgré une dominante inquisitoire au stade présentenciel, le système français doit demeurer mixte, conformément aux souhaits découlant des États généraux de la justice.

II- Le maintien nécessaire d'un système mixte à tous les stades de la procédure pénale

Comme évoqué lors de l'introduction, aucun système procédural moderne ne saurait être exclusivement inquisitoire ou exclusivement accusatoire[27]. Or, si l'influence de la procédure inquisitoire est indéniable au sein de la procédure pénale française, l'effacement total de caractéristiques issues de la procédure accusatoire conduirait à la primauté de l'efficacité desinvestigations, et ce, au détriment du respect des droits individuels. Le maintien d'un système mixte à tous les stades de la procédure pénale se révèle être une nécessité, nécessité qui ressort du développement manifeste des droits reconnus aux parties à l'aune des exigences européennes et constitutionnelles (A) et qui se traduit par un maintien indispensable de normes relevant du système accusatoire (B).

A- Le développement manifeste des droits reconnus aux parties à la procédure

Objectif premier de la procédure pénale française,

---

[27] Maistre du Chambon, P., Robert, J.-H., « Propos introductifs », *in* Ambroise-Castérot, C. Ribeyre, C., *Lecontradictoire dans le procès pénal : nouvelles perspectives*, Cujas, 2012, p.8.

l'efficacité de la répression doit pourtant être conciliée avec le développement considérable des droits reconnus aux individus impliqués dans une procédure pénale sous l'impulsion de trois acteurs principaux que sont le Conseil de l'Europe, l'Union européenne et le Conseil constitutionnel.

En effet, depuis 1992 et la signature du traité de Maastricht, l'Europe, alors qualifiée de bicéphale, est composée de deux institutions majeures que sont, d'un côté, le Conseil de l'Europe et, de l'autre, l'Union européenne, toutes deux œuvrant de concert afin de développer les droits reconnus aux parties [28]au sein de la procédure pénale.

Au niveau du Conseil de l'Europe, la Convention de Sauvegarde des Droits de l'Homme et des libertés fondamentales pose, au sein de ses articles 5, 6 et 7 notamment, des garanties procédurales évidemment applicables aux individus impliqués dans une procédure pénale puisqu'ils prévoient respectivement le droit à la liberté et à la sûreté, le droit à un procès équitable[29] et le principe de légalité criminelle, dont le respect est assuré par les juges de la Cour européenne des droits de l'Homme. En effet, cette dernière, au travers des arrêts rendus dans l'exercice de son office, pose une base minimale de droits devant être garantis aux justiciables.

---

[28] La partie telle qu'entendue au sens de l'article préliminaire du Code de procédure pénale, soit toute personne impliquée dans une procédure sans qu'elle bénéficie nécessairement d'un statut particulier.

[29] La CEDH a d'ailleurs étendu le champ d'application de l'article 6 de la ConvEDH en considérant qu'est un accusé toute personne ayant été informée qu'elle est soupçonnée d'avoir commis une infraction ou ayant subi des actes contraignants : CEDH, *Stirmanov c/ Russie*, 29 janv. 2019, req. 31816/08.

C'est ainsi que la CEDH a affirmé, dès 1993[30], que le contradictoire, principe attaché au système accusatoire et donc en faveur des droits reconnus aux parties, devait s'appliquer tout au long de la procédure pénale, c'est-à-dire de la phase d'enquête à la phase de jugement, ce qui a grandement contribué à accentuer le caractère contradictoire d'une phase pourtant étrangère à celui-ci : l'enquête[31]. Manifestation supplémentaire de l'influence de la CEDH sur le développement interne des droits des parties au sein de la procédure pénale, l'arrêt *Salduz c. Turquie*[32] a conduit le législateur à intervenir par la loi du 14 avril 2011[33] afin de garantir aux individus le droit de se taire ainsi que le droit à l'assistance d'un avocat lors de la garde à vue. Alors que l'entrée en vigueur de cette loi était retardée, la Cour de cassation affirme, dès le 15 avril 2011[34], que cette loi est d'application immédiate, preuve qu'elle entendait par là favoriser les garanties fondamentales à la sécurité juridique au détriment de l'objectif répressif traditionnellement associé au système inquisitoire.

La Cour de Justice de l'Union européenne, quant à elle, n'est pas en reste puisqu'en garantissant le respect des droits processuels fondamentaux, elle participe au développement des droits reconnus aux individus impliqués dans une procédure pénale, quel que soit leur statut. En effet, la Charte des droits fondamentaux adoptée par l'Union européenne possède, en son sein, un

---

[30] CEDH, *Imbrioscia c/ Suisse*, 24 nov. 1993, req. 13972/88.

[31] Voir, en ce sens, les lois n° 2016-731 du 3 juin 2016 renforçant la lutte contre le crime organisé, le terrorisme et leurfinancement, et améliorant l'efficacité et les garanties de la procédure pénale et n° 2021-1729 du 22 décembre 2021 pour la confiance dans l'institution judiciaire.

[32] CEDH, *Salduz c/ Turquie*, 27 nov. 2008, req. 36391/02.

[33] Loi n° 2011-392 du 14 avril 2011 relative à la garde à vue.

[34] Ass. Plén., 15 avr. 2011, n°10-17.049.

titre consacré à la justice au sein duquel se situe, par exemple, l'article 47 affirmant le droit pour tous à un recours effectif ainsi que l'article 49 érigeant la présomption d'innocence en droit processuel fondamental. Or, cette déclaration de droits possède la même force juridique que les traités, ceux-ci s'imposent aux États membres de l'Union européenne dont fait partie la France. L'influence de l'Union européenne est d'autant plus forte qu'est intervenue, en complément de la Charte, une feuille de route visant à renforcer les droits procéduraux des suspects ou des personnes poursuivies dans le cadre des procédures pénales, suivie de peu par un ensemble de directives portant notamment sur le droit à l'assistance d'un avocat[35], le droit à l'interprétation[36] ou encore à la présomption d'innocence[37]. Tout cela participe sans aucun doute du développement, en droit interne, des droits reconnus tant aux suspects, mis en examen ou encore accusés qu'aux victimes.

De son côté, le Conseil constitutionnel, véritable garant des libertés individuelles, œuvre également au développement des droits reconnus aux personnes impliquées dans une procédure pénale en déclarant, au terme de son contrôle de constitutionnalité, un texte

---

[35] Directive 2010/64/UE du Parlement européen et du Conseil, 20 oct. 2010, relative au droit à l'interprétation et 115 à la traduction dans le cadre des procédures pénales.

[36] Directive 2013/48/ UE du Parlement européen et du Conseil, 22 oct. 2013, relative au droit d'accès à un avocatdans le cadre des procédures pénales et des procédures relatives au mandat d'arrêt européen, au droit d'informer un tiers dès la privation de liberté et au droit des personnes privées de liberté de communiquer avec des tiers et avec lesautorités consulaires.

[37] Directive 2016/343/UE du Parlement européen et du Conseil, 9 mars 2016, portant renforcement de certains aspects de la présomption d'innocence et du droit d'assister à son procès dans le cadre des procédures pénales.

inconstitutionnel ou en émettant des réserves d'interprétation par exemple. En effet, les textes du bloc de constitutionnalité n'étant pas étrangers à la consécration de droits procéduraux[38], il n'est pas rare que la juridiction constitutionnelle vienne ainsi freiner les ardeurs du législateur, notamment dans le cadre particulier des procédures pénales spéciales, lorsque celui-ci porte une atteinte qu'elle juge trop importante aux droits des individus[39].

L'accroissement des droits reconnus aux individus ne peut ainsi être nié tant ils tendent à se développer sous les influences européennes et constitutionnelle, le législateur français étant soumis aux exigences posées tant par le Conseil de l'Europe que par l'Union européenne. Or, ce développement des droits reconnus aux parties illustre ainsi la survivance de l'influence accusatoire sein du modèle procédural mixte français.

B- Le maintien indispensable de normes relevant du système accusatoire

Véritable symbole du système accusatoire, le jugement est la phase procédurale laissant la plus grande place aux parties privées. En effet, même si elle est encadrée, la parole de l'accusé y joue un rôle important puisqu'il peut alors faire valoir ses arguments et, par la même, se défendre, ce qui est d'autant plus vrai que c'est à lui que revient le privilège de s'exprimer en dernier. De plus, le

---

[38] Voir notamment l'article 8 de la DDHC posant le principe de légalité criminelle ainsi que celui de nécessité des peines.

[39] Voir, par exemple, la décision n°2013-679 DC du 4 décembre 2013 concernant la loi relative à la lutte contre la fraude fiscale et la grande délinquance économique et financière censurant l'extension des prolongations supplémentaires de la garde à vue en matière d'escroquerie en bande organisée.

contradictoire, apanage du système accusatoire, trouve pleinement à s'appliquer au moment du jugement puisque l'accusé est informé de tout ce qui lui est reproché et la discussion est pleinement engagée dès lors que la contestation de l'accusation est au cœur d'un jugement oral. A cet égard et à titre d'exemple, l'article 329 du Code de procédure pénale permet aux parties de produire des preuves au cours des débats et faire citer des témoins. Le Rapport Sauvé, loin de restreindre l'aspect accusatoire de la phase du jugement, invite au contraire à l'intensifier puisqu'elle propose de renforcer le temps d'écoute du justiciable et de la victime, ce qui participe nécessairement à accorder une place plus importante aux parties privées au sein de cette phase de la procédure pénale, symbole de la procédure accusatoire. Toujours au stade du jugement, l'absence de remise en cause de l'intime conviction du juge dans l'appréciation des éléments de preuve au sein l'avant-projet de la loi Justice illustre sans aucun doute le souhait du législateur de maintenir le caractère accusatoire du jugement.En effet, alors que le système inquisitoire prône l'utilisation du système de la preuve légale, le système accusatoire, quant à lui, se tourne vers le principe de la libre appréciation des preuves[40].

Toutefois, s'il concentre la majorité des manifestations de normes accusatoires, le jugement n'est pas pour autant la seule phase de la procédure dans laquelle s'exprime l'influence de ce modèle procédural. En effet, au stade de l'instruction et de l'enquête, le renforcement des droits de la défense et du droit au procès équitable ressort des dernières réformes législatives, en témoigne notamment l'évolution liée à l'accès au dossier au stade de l'enquête

---

[40] Langer, M. (2014), *op. cit.*, p. 710.

ou encore l'élargissement des demandes d'actes lors de l'instruction judiciaire. Concernant la première de ces évolutions, l'adoption récente de l'article 77-2 du Code de procédure pénale garantit, au profit des suspects et victimes, un droit d'accès au dossier et à la formulation d'observations venant s'accroître considérablement. Concernant la seconde de ces évolutions, les parties peuvent désormais demander au juge instructeur qu'il soit procédé à leur propre audition ou interrogatoire, à l'audition d'un témoin, à une confrontation, à un transport sur les lieux ou encore à la production par l'une d'entre elles d'une pièce utile à l'information ou à tout acte qui leur paraît utile à la manifestation dela vérité. Les parties peuvent, de surcroît, demander qu'il soit procédé à un examen médical ou psychologique ou qu'il soit réalisé une expertise, une contre-expertise ou un complément d'expertise. De plus, l'avant-projet de loi Justice prévoit, en son article 3, que le témoin assisté peut désormais demander au juge d'instruction ou à la juridiction de jugement de recourir à une expertise alors que la section 8 lui permet, quant à elle, de contester une telle décision lorsqu'il n'en est pas à l'origine.

Aussi, il ne fait aucun doute que l'influence accusatoire au sein du modèle français demeure puisque désormais, et quel que soit le stade de la procédure, les parties à la procédure pénale peuvent demander l'accès au dossier, l'assistance d'un avocat, la réalisation d'actes ou encore contester ceux déjà réalisés, à condition, bien entendu, de respecter les prescriptions législatives. Il serait toutefois possible d'affirmer que l'aspect accusatoire de la procédure pénale française gagnerait à être renforcé à l'occasion de cette refonte du Code de procédure pénale afin de parvenir à un équilibre satisfaisant, mettant sur un pied d'égalité répression et sauvegarde des libertés. A cette fin, la mise en place d'un accès concret et effectif au dossier de la procédure en cours et qui ne dépendrait pas du bon vouloir des procureursde la République ou général[41] mais d'un juge de l'enquête[42] au stade des investigations policières pourrait être envisagée.

En tout état de cause, le modèle procédural français, tel qu'il ressort du droit positif, mais également des innovations législatives inhérentes à la refonte du Code de procédure pénale, conserve une large part accusatoire, l'Union européenne, le Conseil de l'Europe et le Conseil constitutionnel n'étant pas étrangers à un tel maintien.

Ainsi, et pour conclure, dans la quête d'un équilibre qui se voudrait le plus optimal possible entre l'efficacité des investigations et le respect des libertés individuelles, il est nécessaire de maintenir un système mixte. Toutefois, cet exercice est loin d'être chose aisée puisqu'il conduit à faire coexister deux intérêts qui impliquent nécessairement une atteinte à l'autre : lorsque l'efficacité des investigations prime, l'étendue des garanties offertes aux individus est réduite et inversement.S'agissant de la procédure pénale française, celle-ci semble devoir conserver sa dominante inquisitoire au stade de la phase présentencielle, au moment de récolter les preuves qui serviront à la manifestation de la vérité. Cela étant, cette phase doit s'articuler autour de normes empruntant tant au système

[41] La principale critique adressée à l'article 77-2 du Code de procédure pénale est en effet de ne prévoir qu'un accèsau dossier théorique pour le suspect au cours de l'enquête, les conditions pratiques d'exercice de ce droit ne permettant pourtant pas un accès réel à ce même dossier.

[42] La création d'un juge de l'enquête et des libertés était d'ailleurs envisagée dès 2009 au sein du Rapport Léger mais celui-ci n'a jamais, pour le moment à tout le moins, été mis en place.

inquisitoire qu'au système accusatoire. L'influence de l'Union européenne, du Conseil de l'Europe et du Conseil constitutionnel a d'ailleurs conduit au développement croissant et nécessaire de normes présentant les caractéristiques du système accusatoire afin de garantir le respect des droits des individus concernés par la procédure. Au stade du jugement, la balance s'inverse puisque cette phase de la procédure est, sans surprise, davantage accusatoire. Toutefois, et de manière assez récurrente lorsqu'il est question d'équilibre, il n'existe pas de savant mélange, le juste dosage se révèle complexe et n'apparaît pas pouvoir être pérenne puisqu'il varie au gré des considérations politiques et des évolutions sociétales.

LA PLACE DE LA VICTIME

FLORE DOLOU
Doctorante à l'Université de Bordeaux

Le doyen Carbonnier affirmait qu'« il faut réparer le mal, faire qu'il semble n'avoir été qu'un rêve »[1]. Cet objectif d'illusion peut en partie être rempli par la prise en compte de la victime par la procédure pénale.

Le terme de victime, en droit pénal, désigne classiquement la personne qui a souffert d'une infraction[2]. Lorsque l'on parle de la place de la victime dans le cadre de la procédure pénale, il convient d'entendre par là l'importance que prend celle-ci au sein de la procédure pénale[3].

En réalité, la victime et sa considération sont actuellement des éléments moteurs de nombreuses décisions de politique pénale. Ainsi, dans son discours du 5 janvier 2023, Éric Dupond-Moretti met en avant une volonté de meilleure protection de la victime pour annoncer ses intentions d'élargissement de la procédure dite de comparution à délai différé[4] ou encore de permission au juge des libertés et de

---

[1] CARBONNIER Jean, *Droit civil. 4, Les obligations*, PUF, 2004, p. 2253, n°1114.
[2] V. développements WEBER Valentin, *La pluralité de victimes en droit pénal*, Bordeaux, 2021, p. 14, n°3 et s.
[3] V. https://www.larousse.fr/dictionnaires/francais/place/61263.
[4] Discours d'Éric DUPOND-MORETTI, garde des Sceaux, ministre de la Justice - Présentation à la presse du Plan d'action issu des États généraux de la Justice, 5 janv. 2023, p.10.

la détention de modifier un contrôle judiciaire[5]. Toutefois, la prise en compte de la victime n'est, dans ces cas-là, qu'un élément de politique pénale. Les dispositions qui en découleront éventuellement ne concerneront pas spécifiquement la place de la victime en procédure pénale. En revanche, de manière plus classique, il est possible d'affirmer que la présence de la victime au sein d'une procédure pénale relève de deux logiques, l'une vindicative et l'autre indemnitaire. Il est alors possible d'affirmer que la victime peut tout à la fois être acteur et sujet de la procédure pénale.

Cette place duale de la victime en procédure pénale a largement évolué au cours du XXIe siècle. La nécessaire conformité au droit européen a notamment permis à la victime de se voir reconnaître davantage de droits[6] et le législateur interne a également œuvré à ce que celle-ci soit accompagnée et considérée tout au long de la procédure pénale[7]. Pourtant, le récent rapport Sauvé[8], portant les conclusions des États généraux de la justice, affirme encore que « les justiciables [n'] accordent [à la justice] qu'un crédit limité » et que « dans un contexte de défiance généralisée envers les institutions, […] l'attente de justice demeure paradoxalement forte de la part des citoyens »[9].

---

[5] *Ibid*, p. 11.
[6] V. Loi n°2015-993 du 17 août 2015, art. 7, créant le sous-titre III CPP « Des droits des victimes ».
[7] V. Loi dite « Taubira » n°2014-896 du 15 août 2014, art. 26, créant le titre XIV quater CPP « Du bureau d'aide aux victimes ».
[8] Rapport du comité des États généraux de la justice - (octobre 2021-avril 2022) http://www.justice.gouv.fr/_telechargement/Rapport_EGJ_20220516.pdf
[9] *Ibid*, p.9.

Afin de répondre à ces observations, le gouvernement a déposé un projet de loi actuellement étudié par le Sénat. Dans sa version la plus récente, ce projet prévoit d'autoriser le gouvernement « à la réécriture de la partie législative du code de procédure pénale afin d'en clarifier la rédaction et le plan, ainsi qu'à la modification de toute autre disposition de nature législative nécessitée par cette réécriture ». Il s'agirait d'une recodification « effectuée à droit constant sous réserve des modifications nécessaires pour assurer le respect de la hiérarchie des normes et la cohérence rédactionnelle des textes, harmoniser l'état du droit, remédier aux éventuelles erreurs ou omissions, abroger les dispositions obsolètes ou devenues sans objet et procéder aux adaptations terminologiques utiles, notamment pour revoir les dispositions dont la formulation peut paraître remettre en cause la présomption d'innocence »[10]. Ce projet de refonte semble donc s'accompagner d'un projet de réforme. Cela se confirme d'autant plus s'agissant de la victime en ce qu'il prévoit également de nouvelles dispositions au sein du code de procédure pénale tendant à améliorer leur indemnisation[11].

A l'heure actuelle, ce projet reste tant incertain qu'imprécis mais il est indéniable que la tendance législative est à l'élargissement de la place de la victime en procédure pénale[12]. A cet égard, il est primordial de veiller à ne pas tomber dans les travers du populisme et de la victimisation au détriment des règles régissant la matière pénale – comme il s'avère être trop souvent l'écueil du législateur[13]. Au vu

---

[10] https://www.senat.fr/petite-loi-ameli/2022-2023/661.html, art. 2.
[11] *Ibid*, art. 5
[12] Sur « L'évolution contemporaine du droit des victimes », v. CARIO Robert et RUIZ-VERA Sylvie, « Victimes d'infraction », *Rep. dr. pén. et proc. pén.*, 2018, n°24 et s.
[13] Pour une nuance sur la crainte d'une « stratégie victimaire » v. *Ibid.*, n°19 et s.

des éléments dont on dispose, il est déjà possible d'alerter sur certains points de ce projet de réforme concernant la place de la victime.

En effet, les règles régissant la place de la victime en procédure pénale, tant actuelles qu'à venir, peuvent faire l'objet de critiques au regard des principes directeurs du droit pénal.

C'est pourquoi il est possible de considérer que la refonte de la place de la victime en procédure pénale est à la fois souhaitable (I) et perfectible (II).

I- Une refonte souhaitable de la place de la victime en procédure pénale

En tant qu'acteur de la procédure pénale, la victime s'est vu octroyer de nombreux droits lors des dernières décennies[14]. D'après le rapport Sauvé, leur nombre et leur qualité ne sont pas à remettre en cause[15]. Pourtant, il est une prérogative primordiale de la victime qui mériterait de faire l'objet de cette future refonte du Code de procédure pénale : la constitution de partie civile. Symbolique de la place d'acteur de la victime en procédure pénale en ce qu'elle permet, sous certaines conditions, le déclenchement de

---

[14] V. VERGÈS Etienne, « Fasc. 40 : PRINCIPES DIRECTEURS DU PROCÈS PÉNAL – PRINCIPES PROPRES AUX DROITS DES VICTIMES. – Droits des victimes », *J.Cl. Procédure pénale*, 2020, n°3 et s.

[15] V. Rapport du comité des États généraux de la justice *op. cit.*, p.211, « Le comité entend toutefois souligner que des prérogatives importantes sont d'ores et déjà accordées à la victime et que le sujet est moins celui de la reconnaissance de ses droits que celui de leur mise en œuvre effective ».

l'action publique[16], il serait possible de la rendre plus respectueuse à la fois du principe d'interprétation stricte (A) et de celui d'intelligibilité (B) de la loi pénale.

A- La possibilité d'une refonte plus respectueuse du principe d'interprétation stricte

Le Code de procédure pénale prévoit actuellement, à son article 2, que « l'action civile en réparation du dommage causé par un crime, un délit ou une contravention, appartient à tous ceux qui ont personnellement souffert du dommage directement causé par l'infraction ». Il est classique de traduire cela par l'idée que seule la personne ayant subi le résultat redouté de l'infraction pourra se constituer partie civile[17].

Pourtant, depuis la fin du XXe siècle, d'autres protagonistes ont progressivement été autorisés par la Cour de cassation à se constituer partie civile[18] et peuvent être qualifiés de victimes indirectes[19]. Désormais, il existe une catégorie importante de personnes, n'ayant pas subi le résultat de l'infraction, bénéficiant tout de même de cette prérogative. Pour justifier cette extension, la Cour de cassation rend ses arrêts sur le fondement des articles 2 et 3 du Code de procédure pénale[20]. Ce dernier dispose, à son alinéa 2, que l'action civile est « recevable pour tous chefs de dommages, aussi bien matériels que corporels ou moraux, qui

---

[16] Soit par le biais de la plainte avec constitution de partie civile devant le juge d'instruction – C. proc. pén., art. 85 s. –, soit par le biais de la citation directe – C. proc. pén., art. 550 s.

[17] GUINCHARD Serge et BUISSON Jacques, *Procédure pénale*, LexisNexis, 2022, p. 824 s., n°1300 s.

[18] Notamment les proches – Cass. crim., 11 juill. 1994, n°93-81.881 – dont l'enfant à naître – Cass. crim., 10 nov. 2010, n° 19-87.136.

[19] GUINCHARD Serge et BUISSON Jacques, *op. cit.*, p. 843, n°1339.

[20] V. Cass. crim., 9 févr. 1989, *Sté Ford France et a.*, n°87-81.359

découleront des faits objets de la poursuite ». La subtilité se trouve dans la différence de vocabulaire employé avec l'article 2[21] : il y est question de faits objet de la poursuite et non de l'infraction dans sa globalité. Cela permet donc d'être considérée comme victime directe de l'infraction sans avoir subi personnellement le résultat de l'infraction.

Le problème est que cet article 3 du Code de procédure pénale s'emploie à déterminer les types de dommages réparables dans le cadre de la constitution de partie civile et non – à l'inverse de l'article 2 – à en poser les conditions de recevabilité. L'idée étant d'éviter qu'une victime constituée partie civile ait besoin de demander réparation de ses préjudices à la fois devant la juridiction répressive et la juridiction civile selon la nature de ceux-ci[22]. C'est pourquoi ce mécanisme employé par la Cour de cassation ne répond même pas à une analyse téléologique de la norme mais peut au contraire être qualifié de *contra legem*.

Or, il a pu être démontré que le principe d'interprétation stricte de la loi pénale, découlant du principe de légalité, est également applicable en matière de règles de forme[23], notamment dans un objectif de protection contre l'arbitraire du juge pénal. Il semble donc n'y avoir aucune explication logique au fait que la Cour de cassation bafoue ce principe depuis désormais plus de trois décennies.

C'est pourquoi une consécration de la possibilité de se constituer partie civile pour les victimes n'ayant pas

---

[21] Origines de l'analyse v. CARTIER Marie-Elisabeth, « Note sous Cass. ass. plén. 12 janv. 1979 », *JCP G*, II, 1980, 19335.

[22] Objectif de désengorgement des tribunaux v. AMBROISE-CASTEROT Coralie, « Action civile », *Rep. dr. pén. et proc. pén.*, 2017, n°18.

[23] V. HERZOG-EVANS Martine, « Le principe de légalité et la procédure pénale », *LPA*, 1999, n°156, p.4.

directement subi le résultat de l'infraction serait plus respectueuse du principe d'interprétation stricte de la loi pénale. Néanmoins, une dernière difficulté reste à écarter à ce propos : il serait aisé d'opposer à cette idée de consécration le point de vue selon lequel elle se contenterait de valider une jurisprudence *contra legem* sans empêcher la Cour de cassation de réitérer au détriment du principe d'interprétation stricte. Pour éviter cela, il serait certainement judicieux d'ajouter à ladite consécration une modification de l'article 3 du Code de procédure pénale afin de lui rendre son objet véritable. Il serait ainsi possible d'imaginer une simple modification à son alinéa 2 qui pourrait disposer que « La victime, une fois constituée partie civile, peut demander réparation de tous chefs de dommages, aussi bien matériels que corporels ou moraux, qui découleront des faits objets de la poursuite ».
Cela aurait le mérite de lever toute ambiguïté au bénéfice de la clarté et de la précision de la loi pénale. Le respect de ces exigences offrirait d'ailleurs, au même titre que l'exigence d'interprétation stricte, un avantage certain à une refonte de la constitution de partie civile.

B- La possibilité d'une refonte plus respectueuse du principe d'intelligibilité

Si le principe d'interprétation stricte est applicable aux lois de forme, celui d'intelligibilité, également corollaire du principe de légalité, l'est tout autant en ce que ses exigences de clarté et de précision permettent, entre autres, une interprétation plus aisée de la norme. Il s'agit donc de déterminer de quelle manière il conviendrait de consacrer la jurisprudence de la Cour de cassation. En réalité, deux solutions s'offrent au législateur.

La première semble pouvoir être écartée assez rapidement en ce qu'elle consisterait à remplacer le terme d'« infraction » à l'article 2 du Code de procédure pénale par celui de « faits objets de la poursuite ». Or, une telle solution n'aurait pour effet que de permettre à la Cour de cassation de continuer son expansion de la constitution de partie civile en toute légalité. Elle ne répondrait en rien aux objectifs de l'intelligibilité, ne permettrait pas de préserver le caractère exceptionnel de la constitution de partie civile[24] et pourrait mener à un engorgement important des tribunaux répressifs.

La deuxième solution, se traduisant par la consécration précise des décisions de la Cour de cassation en la matière, semble donc plus opportune. Néanmoins, sa réalisation n'est pas pour autant exempte de toute problématique.

D'une part, les décisions jurisprudentielles en matière de constitution de partie civile semblent éparses et parfois quelque peu opportunistes. C'est ainsi que la chambre criminelle a déjà pu considérer, sur le fondement combiné des articles 2 et 3, que les victimes d'un fait correspondant à une circonstance aggravante pouvaient se constituer partie civile[25]. Plus récemment, elle a accordé le statut de partie civile à des personnes présentes sur le lieu d'une infraction terroriste[26]. La question s'est posée de savoir si ces solutions étaient particulières ou si elles avaient vocation à être étendues à toute victime d'un élément constitutif de l'infraction ou même à toute personne témoin d'une

---

[24] V. GUINCHARD Serge et BUISSON Jacques, *Procédure pénale*, LexisNexis, 2022, p. 843, n°1338.
[25] Cass. crim, 7 avr. 1993, n°92-83.858.
[26] Cass. crim., 15 févr. 2022, n°21-80.670 et n°21-80.265.

infraction[27], un auteur allant jusqu'à émettre l'hypothèse d'une « distinction des statuts de victimes et de partie civile »[28]. Néanmoins, ces hypothèses restent marginales et il semble qu'elles présentent pour la plupart le point commun de concerner des personnes exposées à un risque de mort ou de blessures graves. Il s'agit alors davantage d'une question de politique pénale que de technique juridique, mais il serait parfaitement envisageable de prévoir deux hypothèses légales : l'une autorisant la constitution de partie civile des personnes ayant personnellement souffert d'un dommage directement causé par un élément constitutif de l'infraction les ayant exposées à un risque de mort ou de blessures graves, l'autre autorisant la constitution de partie civile des témoins directs d'une infraction entraînant un risque de mort ou de blessures graves et ayant personnellement souffert d'un dommage directement causé par leur réaction à celle-ci[29]. Ces hypothèses sont assez précises pour ne pas ouvrir la voie de la constitution de partie civile à toute personne simplement présente sur les lieux d'une l'infraction et permet de respecter la spécialité de la victime pénale par rapport à la victime civile.

---

[27] V. ALIX Julie, « La Cour de cassation redessine les contours de la constitution de partie civile des victimes d'attentat terroriste », *AJP*, 2022, p. 143 ; MAYAUD Yves, « Une meilleure protection des victimes du terrorisme par une « conception plus large de la notion de partie civile » », *RSC*, 2022, p. 332.

[28] PARIZOT Raphaële, « Victimes par implication - La conception élargie de la notion de partie civile en matière terroriste par la Cour de cassation », *JCP G*, 2022, n°17, act. 560.

[29] Cette reconnaissance légale s'intégrerait parfaitement dans la volonté actuelle, tant civile que pénale, d'une meilleure prise en compte de la victime d'attentat terroriste ; v. Cass. ch. mixte, 25 mars 2022, n°20-17.072 sur la reconnaissance du préjudice d'attente et d'inquiétude.

D'autre part, et de manière plus régulière, la jurisprudence retient une formulation constante pour accepter la constitution de partie civile des proches de la victime, aussi appelés victimes par ricochet. S'interroger sur cette consécration engendre d'autres questions. Faudrait-il consacrer la formule à l'identique ? L'expression de « proches de la victime » doit-elle être conservée ou est-ce qu'une liste qualificative serait plus appropriée ? Le terme de « proches » répond-il aux exigences de clarté et de précision de la loi pénale ? La conservation de la formulation de la Cour de cassation aurait l'avantage de pouvoir être adaptée aux évolutions de la société comme cela a été le cas pour l'admission de la constitution de partie civile du concubin[30]. Néanmoins, certains opposent à cette idée qu'elle pourrait être source d'une trop grande imprécision pouvant éventuellement porter atteinte au caractère exceptionnel de la constitution de partie civile[31]. Pourtant, cette imprécision ne parait pas si dangereuse en ce qu'il semble improbable que la Cour de cassation en vienne à considérer le cercle amical de la personne comme étant légitime à se constituer partie civile. En revanche, la latitude du terme permet une prise en compte plus rapide et plus souple des différents modèles familiaux qui peuvent se présenter devant les juridictions répressives.

In fine, seul l'ajout[32] de trois alinéas à l'article 2 du Code de procédure pénale permettrait de consacrer précisément la jurisprudence de la Cour de cassation. Et même si, pour des raisons de politique pénale, les points de vue peuvent

[30] Cass. crim., 20 avril 1972, n° 71-91.750.

[31] V. GUINCHARD Serge et BUISSON Jacques, *Procédure pénale*, LexisNexis, 2022, p. 843, n°1338.

[32] La conservation de l'alinéa 1er de l'art. 2 du code de procédure pénale permettrait à la Cour de cassation de maintenir sa jurisprudence à propos des cessionnaires, créanciers ou du cas particulier du droit pénal des affaires.

différer sur ces questions, il n'en est pourtant pas moins souhaitable qu'elles soient posées dans l'optique d'un plus grand respect du principe de légalité dans son ensemble. C'est pourquoi il serait judicieux que la refonte du Code de procédure pénale s'intéresse à la constitution de partie civile.

La refonte du Code de procédure pénale est donc souhaitable mais il convient de ne pas perdre de vue les objectifs de celle-ci. La précision ne parait ici pas superflue au regard de ce qui est actuellement proposé par le projet de loi concernant la place de la victime en procédure pénale.

II- Une refonte perfectible de la place de la victime en procédure pénale

La seule proposition concrète prévue dans le projet de loi à l'étude au moment où ces lignes sont écrites et concernant la place de la victime est relative à l'indemnisation publique de la victime d'une infraction pénale[33]. Actuellement prévu aux articles 706-3 et suivants du Code de procédure pénale, ce mécanisme tend *a priori* à être élargi. Mais là où le bât blesse, c'est que cet élargissement proposé n'est pas conforme aux objectifs de la refonte énoncés par l'article 2 du même projet. En effet, cette proposition parait tant incohérente (A) qu'injustifiée (B).

[33] Texte n°1440, adopté par la commission, sur le projet de loi, adopté par le Sénat d'orientation et de programmation du ministère de la justice 2023-2027 (n°1346) - https://www.assemblee-nationale.fr/dyn/16/textes/l16b1440_texte-adopte-commission#, art. 5.

A- Une proposition incohérente

Dans un premier temps, il convient de revenir brièvement sur les dispositions concernées auxquelles le pénaliste semble d'ordinaire peu s'intéresser[34]. Les articles 706-3 et suivants du Code de procédure pénale prévoient la possibilité pour la victime d'une infraction pénale d'obtenir réparation de son préjudice auprès de l'État, même en l'absence de constitution de partie civile. Les conditions pour bénéficier de cette indemnisation tiennent essentiellement au résultat de l'infraction dont la personne est victime – l'article 706-3 du code de procédure pénale concernant certaines atteintes aux personnes et l'article 706-14 du même code certaines atteintes aux biens. Mais ces deux articles se distinguent essentiellement en ce que le premier offre une possibilité d'indemnisation intégrale alors que le second n'indemnise que partiellement le préjudice visé. Le projet de loi propose d'étendre le champ d'application de ces dispositions mais ses propositions apparaissent incohérentes pour diverses raisons.

D'abord, il est possible de relever un problème d'intelligibilité au regard du vocabulaire employé. En effet, le nouvel alinéa proposé pour l'article 706-3 du code de procédure pénale vise l'incapacité totale de travail. Jusque-là rien de surprenant dès lors qu'il s'agit d'un terme que l'on retrouve classiquement en matière pénale. Toutefois, son usage est ici source d'interrogations puisque l'actuel article 706-3 du Code de procédure pénale vise l'incapacité totale de travail *personnel* ; la différence de vocabulaire

---

[34] Pour des manuels de procédure pénale qui évoquent le mécanisme v. DESPORTES Frédéric et LAZERGES-COUSQUER Laurence, *Traité de procédure pénale*, Economica, 2016, p. 2267, n° 3510 ; MERLE Roger et VITU André, *Traité de droit criminel, t.2 Procédure pénale*, Cujas, 2001, p. 130 et s. ; RASSAT Michèle-Laure, *Procédure pénale*, Ellipses, 2017, p. 453 et s.

interpelle et invite à distinguer. Mais, en réalité, le concept de l'incapacité totale de travail personnel était utilisé dans l'ancien Code pénal et se distinguait de l'incapacité totale de travail professionnel. L'un visait l'inaptitude à exercer sa profession, l'autre l'inaptitude à exercer une activité quelconque[35]. Désormais, les deux réalités sont englobées dans le terme général d'incapacité totale de travail et, tous codes français confondus, seuls deux autres articles emploient l'expression d'incapacité totale de travail personnel – l'un au sein du Code de la route[36] et l'autre au sein du Code du travail[37]. La proposition de modification de l'article 706-3 du Code de procédure pénale est donc faite sans volonté de maintenir une cohérence de vocabulaire au sein d'un même article, ce qui soulève des problèmes d'intelligibilité. Elle est ainsi en opposition avec les objectifs de la refonte annoncée, à savoir « le respect de la hiérarchie des normes et la cohérence rédactionnelle des textes »[38].

Ensuite, il est également possible de relever une mise à mal de la clarté de la loi pénale. Actuellement, une certaine dichotomie peut être observée s'agissant des articles régissant la possibilité d'indemnisation publique : l'article 706-3 permet une réparation intégrale du préjudice alors que l'article 706-14 n'en permet qu'une réparation partielle. Or, la proposition de modification de l'article 706-3 voudrait y intégrer une nouvelle possibilité d'indemnisation partielle. Rien ne permet de justifier la rupture de cet

---

[35] V. MAYAUD Yves, « Violences volontaires », *Rep. dr. pén. et proc. pén.*, 2023, n°129 et s.
[36] C. route, art. L.224-8.
[37] C. trav., art. L.4741-2.
[38] Texte n°1440, adopté par la commission, sur le projet de loi, adopté par le Sénat d'orientation et de programmation du ministère de la justice 2023-2027 (n°1346) - https://www.assemblee-nationale.fr/dyn/16/textes/l16b1440_texte-adopte-commission#, art. 2.

équilibre, d'autant plus que la distinction entre atteintes aux personnes et atteintes aux biens présentée précédemment n'est pas hermétique. Un alinéa de l'article 706-14 prévoit déjà une possibilité d'indemnisation partielle pour les victimes de certaines infractions contre les personnes[39]. La question se pose alors de savoir pourquoi ne pas insérer cette nouvelle proposition à la suite de cette disposition plutôt qu'à l'article 706-3 qui, pour l'instant, n'envisage que l'indemnisation intégrale. Cette absence de cohérence nuit à la clarté de la loi pénale en ce qu'elle vient anéantir le seul élément qui permettait objectivement d'établir une distinction entre les deux hypothèses d'indemnisation publique d'une victime d'infraction.

Enfin, la cohérence de ces dispositions législatives est également mise à mal par la proposition d'insérer un nouvel article 706-14-3. Il permettrait, pour les victimes de squat d'un domicile[40], de bénéficier de l'indemnisation partielle permise par l'article 706-14 sans avoir à justifier de ressources insuffisantes. Il ne s'agit pas de la première exception aux nombreux éléments conditionnant l'application de l'article 706-14. En effet, il est déjà possible pour une victime de la destruction par incendie d'un véhicule terrestre à moteur d'en bénéficier sans établir qu'elle se trouve dans une situation matérielle ou psychologique grave[41]. En revanche, la logique aurait donc voulu que le législateur insère cette nouvelle exception à la suite de celle lui préexistant. Or, en l'état du projet de loi, ces deux exceptions seraient séparées par un article

---

[39] C. proc. pén., art. 706-14 al.3 ; pour bénéficier de l'indemnisation de l'art. 706-3 les individus doivent avoir subi au minimum une ITT d'un mois. Dans les autres cas, l'indemnisation partielle de 706-14 leur est ouverte aux conditions qui y sont posées (subsidiarité, conditions de ressources…).

[40] C. pén., art. 226-4 al. 2.

[41] C. proc. pén., art. 706-14-1.

prévoyant la possibilité d'une aide financière pour les victimes d'une infraction commise et jugée à l'étranger[42]. Il semble que ces articles soient déjà suffisamment longs et complexes pour qu'il ne soit pas nécessaire de rajouter à la difficulté une dispersion des hypothèses.

La question de la pertinence de l'élargissement de ces hypothèses pourrait d'ailleurs se poser mais elle s'intègre davantage dans l'étude de la justification des dispositions relatives à l'indemnisation publique.

B- Une proposition injustifiée

Les propositions de modifications du système d'indemnisation publique des victimes d'infractions issues du projet de loi sont injustifiées tant dans leur fondement que dans leur champ d'application.

S'agissant du fondement, deux conceptions peuvent venir expliquer l'existence d'une indemnisation publique pour les victimes d'infraction pénale. Celle-ci peut reposer soit sur un certain devoir de solidarité nationale, soit sur un devoir de protection de l'État envers ses citoyens, engageant la responsabilité de celui-ci lorsqu'il n'est pas respecté[43]. Un grand nombre d'auteurs font état principalement d'un devoir de solidarité nationale pour expliquer qu'une telle indemnisation soit prévue par le Code de procédure pénale[44]. Pourtant, la solidarité, par

---

[42] C. proc. pén., art. 706-14-2, le projet de loi lui apporterait également certaines modifications.

[43] RASSAT Michèle-Laure, *op. cit.*, p. 453, n°434.

[44] V. D'HAUTEVILLE Anne, « L'esprit de la loi du 6 juillet 1990 relative aux victimes d'infractions », *RSC*, 1991, p.149 ; JAQUET Michel, « Les commissions d'indemnisation des victimes d'infractions sont la mise en place d'un principe constitutionnel », *Gaz. Pal.*, 2000, n°223, p.4 ; KEROMNES Gwen, « L'indemnisation des victimes

définition, concerne une personne dans le besoin. C'est pourquoi il est possible de considérer qu'une indemnisation publique justifiée par un devoir de solidarité nationale devrait être conditionnée à un besoin particulier de la part du demandeur, c'est-à-dire n'intervenir qu'en cas d'impossibilité d'obtenir l'indemnisation autrement. Or, ce n'est pas le cas de l'indemnisation prévue par l'article 706-3 du Code de procédure pénale qui n'exige même pas une impossibilité d'indemnisation par l'auteur de l'infraction. Cela pourrait éventuellement s'expliquer par souci de célérité, l'Etat pouvant toujours se subroger dans les droits de la victime par la suite. Mais, dans ce cas, pourquoi une telle volonté se manifeste-t-elle s'agissant de l'indemnisation relative aux atteintes aux personnes et pas s'agissant de celle relative aux atteintes aux biens ? La conception même de ces dispositions peine à trouver une justification logique.

S'agissant du champ d'application de ces indemnisations publiques, il semble tout autant injustifié. En effet, s'agissant de l'indemnisation relative aux faits ayant entraîné une atteinte à la personne, sont actuellement visées les infractions relatives aux viol, inceste et autres agressions sexuelles, à la réduction en esclavage, à l'exploitation de personnes réduites en esclavage, à la traite des êtres humains, au proxénétisme et infractions qui en résultent, au travail forcé, à la réduction en servitude et aux atteintes sexuelles sur mineur ainsi que tout fait ayant entraîné la mort, une incapacité permanente ou une incapacité totale de travail personnel égale ou supérieure à un mois. Le projet

---

d'infractions : un palliatif aux conséquences dommageables de la criminalité de masse », *Gaz. Pal.*, 2000, n°046, p. 8 ; LABEAUME Patricia, « L'indemnisation des victimes d'infractions pénales par les commissions d'indemnisation des victimes d'infractions : des critiques à relativiser », *Gaz. Pal.*, 2000, n°188, p.8.

de loi prévoit d'y ajouter, mais de manière conditionnée, les violences de plus de huit jours lorsqu'elles sont commises sur un mineur ou par le conjoint ou le concubin de la victime, ou le partenaire lié à la victime par un pacte de solidarité ou l'ancien conjoint, concubin ou partenaire.

Cette liste interminable est difficilement compréhensible au regard de toutes les exceptions et conditions qu'elle contient. De plus, ces dernières ne semblent pas être juridiquement justifiées. C'est ici que la frontière avec le populisme s'amincit dangereusement. En quoi est-il davantage justifié d'indemniser publiquement un mineur ayant subi une atteinte à sa personne que tout autre citoyen si ce n'est en ce que cela émeut davantage la population ?

S'y ajoute la disposition de l'article 706-14 du code de procédure pénale qui prévoit que le régime de l'indemnisation conditionnée des infractions contre les biens s'applique aux victimes de faits ayant entraîné une atteinte à la personne ayant subi une incapacité totale de travail inférieur à un mois.

Le choix des infractions contre les biens concernées par cet article n'est pas plus sensé. Il a pu être qualifié de « groupe d'infractions très hétérogènes du point de vue criminologique [qui] ne se justifie par rien »[45]. D'autant plus que le projet de loi prévoit de rajouter à la liste déjà existante, le chantage, l'abus de faiblesse et l'atteinte aux systèmes de traitement automatisé de données.

A toujours vouloir spécifier davantage, la spécialité tend vers la généralité. Ne serait-il finalement pas plus simple et cohérent d'envisager une indemnisation publique identique

---

[45] RASSAT Michèle-Laure, *Propositions de réforme du Code de Procédure pénale*, Dalloz, 1997, p. 377.

pour toutes les atteintes à la personne ainsi qu'une autre identique pour toutes les atteintes aux biens ? Quitte à ce que, pour une raison de gravité différente qui s'entend parfaitement, la première soit intégrale et non conditionnée quand la seconde serait quant à elle partielle, subsidiaire et conditionnée.

En tout état de cause il semble que, s'agissant de l'hypothèse de refonte de la place de la victime en procédure pénale, si *in fine* le mal doit sembler n'avoir été qu'un rêve, il est encore possible que sa prise en compte ne devienne pas un cauchemar pour le juriste.

LA PLACE DES TIERS

ADELINE COSTES
Docteure en droit privé et sciences criminelles
de l'Université de Bordeaux

Notre « *Code de procédure pénale* [est] *complètement dépourvu de ce qui fait la beauté du Code de procédure civile : son vocabulaire est variable et imprécis, on n'y trouve aucun cadre conceptuel, avec cette conséquence que le législateur invente toutes sortes de procédures nouvelles qui ne sont que des expédients destinés à dégripper la machine judiciaire, mais n'ont aucune cohérence entre elles* »[1]. Si ces mots du professeur Jacques-Henri Robert sont destinés à évoquer l'action publique, ils permettent de la même manière de rendre compte des insuffisances de notre code de procédure pénale s'agissant de la place accordée aux tiers à cette procédure.

Par tiers, il faut entendre, en droit, celui qui est étranger à un acte juridique ou à l'instance, celui qui n'y est donc pas partie. En procédure pénale, on reconnaît volontiers la qualité de partie – privée – à la partie civile, au prévenu, à l'accusé, ainsi qu'au mis en examen. Le ministère public est quant à lui la partie publique bien qu'il ne soit pas désigné comme tel dans le code de procédure pénale – on le voit davantage opposé aux parties dans les dispositions de ce dernier[2].

---

[1] J.-H. Robert, « Les principes directeurs ont déserté le droit pénal », *Droit pénal* n° 6, Juin 2023, repère 6.

[2] Par exemple, l'article 83-1 du code de procédure pénale prévoit que peuvent être désignés par le tribunal judiciaire un ou plusieurs juges

Ceux qui ne sont pas parties, qui ne revêtent donc pas l'une des qualités précédemment évoquées, constituent, par défaut, des tiers à la procédure pénale. Tous n'occupent cependant pas la même place. Certains d'entre eux, en particulier, ne vont pas demeurer tout à fait étrangers à la procédure et vont y participer d'une manière ou d'une autre : les témoins, simples ou assistés, mais aussi les assureurs, les tiers propriétaires de biens faisant l'objet d'une saisie ou d'une confiscation, les héritiers, les tiers subrogés dans les droits de la victime, les créanciers de cette dernière, les tiers civilement responsables, entre autres. Ce n'est pas le même rôle qui leur est assigné ni les mêmes droits qui leur sont attribués. Cette participation au procès pénal sera elle-même variable : certains tiers bénéficient de prérogatives processuelles à exercer dans le cadre de l'instance civile, d'autres dans l'instance pénale. Dans l'instance civile, par exemple, le tiers civilement responsable devient partie s'il est cité ou s'il intervient volontairement[3] et a la possibilité de se défendre ou encore d'interjeter appel du jugement[4]. Dans l'instance pénale, le témoin assisté, pour illustration, dont on affirme qu'il n'est pas partie à la procédure[5], dispose d'un certain nombre de prérogatives parmi lesquelles le droit à l'assistance d'un avocat ou d'accès au dossier de la procédure[6] ; autre

---

d'instruction co-saisis « sur réquisition du ministère public ou sur requête des parties », laissant entendre que le ministère public n'en est pas une.

[3] B. Bouloc, *Procédure pénale*, Dalloz, 2021, 28e éd., n° 323, p. 301.

[4] *Ibid.*, n° 324, p. 302.

[5] Le témoin assisté est visé à côté des parties dans plusieurs dispositions du code de procédure pénale (v. entre autres : C. proc. pén., art. 120 qui mentionne les avocats « des parties et du témoin assisté ») ; surtout, la jurisprudence précise avec constance que le témoin assisté n'est pas partie à la procédure (Crim., 21 juin 2005, n° 05-81.694 ; 2 septembre 2009, n° 08-86.938 ; 21 mars 2012, n° 07-88.300 et 10-88.110).

[6] C. proc. pén., art. 113-3.

exemple, le tiers propriétaire d'un bien saisi, quant à lui, peut en solliciter la restitution devant la juridiction d'instruction ou encore de jugement et bénéficie à ce titre notamment d'un accès à certaines pièces du dossier de procédure à l'occasion de laquelle le bien a été saisi. Ces tiers à l'instance pénale, en particulier, « *ont bénéficié d'un formidable développement de leurs droits dans le procès pénal* »[7], principalement par l'influence de la jurisprudence, européenne comme nationale, constitutionnelle comme judiciaire, raison pour laquelle c'est à eux seuls que cette étude sera consacrée.

Parce que leur place connaît une évolution notable depuis l'adoption de notre code de procédure pénale et que, depuis quelques années, une volonté de leur offrir davantage de prérogatives et d'améliorer leurs droits peut être observée à travers la jurisprudence, on pouvait attendre du projet de refonte du code de procédure pénale qu'il consacre cette évolution. Les raisons et objectifs poursuivis par l'entreprise de refonte du code de procédure pénale évoqués dans l'étude d'impact pouvaient confirmer la légitimité de cette attente : les réformes successives, notamment rendues nécessaires par les décisions constitutionnelles et européennes, ont rendu illisible ce code, de sorte que sa réécriture formelle « *constitue une impérieuse nécessité* »[8]. Très vite, les espoirs ont cependant été déçus : parmi les évolutions procédurales qu'a connues le code de procédure pénale, celle relative à la place des tiers en procédure pénale n'est pas évoquée en tant que telle[9] dans les travaux parlementaires ni sollicitée dans le

---

[7] R. Parizot, « Des droits de la défense pour les tiers », *RSC*, 2023, p. 148.

[8] Étude d'impact du projet de loi d'orientation et programmation du ministère de la Justice 2023-2027.

[9] Seul le statut du témoin assisté, qui n'est pas partie à la procédure, y est évoqué, v. art. 3 du projet de loi d'orientation et programmation du ministère de la Justice 2023-2027.

rapport sur les États généraux de la Justice. Au regard de l'exposé des motifs du projet de loi, ce à quoi l'on peut s'attendre s'agissant des tiers se résume à la réforme du statut de témoin assisté et, s'agissant des autres tiers, à ce que suppose la refonte : l'intégration des solutions jurisprudentielles, à droit constant, sous réserve d'assurer la cohérence rédactionnelle des dispositions du code.

L'intégration de ces évolutions jurisprudentielles est souhaitable, afin que le code remplisse son office, celui de faciliter la connaissance du contenu du droit[10]. Indéniablement, la refonte consacrera cette amélioration de leurs droits que ces tiers connaissent. Cependant, la refonte du code de procédure pénale ne doit pas conduire à se contenter d'une simple intégration de ces solutions ; comme le souligne le Professeur Fourment, cette refonte ne peut pas s'opérer « *sans réforme de son objet, nonobstant l'intention affichée d'y procéder « à droit constant »* »[11]. Elle oblige à vérifier la cohérence de ces solutions dès lors que le code est avant tout un « *corps cohérent de textes englobant l'ensemble des règles relatives à une matière* ». Comme l'observe le doyen Cornu, « *codifier, c'est légiférer dans un esprit d'ensemble* » de manière à apporter « *l'harmonie que l'on peut attendre de la saisie globale des problèmes* »[12] de sorte que ne doit pas être perdue de vue l'unité logique de l'ensemble des dispositions du code. Précisément, la place de ces tiers à l'instance pénale manque de cohérence et nécessite, par conséquent, d'être repensée. Les perspectives

---

[10] R. Cabrillac, *Les codifications*, Puf, 2002, p. 63.

[11] F. Fourment, « Refonte du Code de procédure pénale ou réforme de la procédure pénale », *Gaz. Pal.*, 2023, n° 16, p. 38.

[12] G. Cornu, « Codification contemporaine : valeurs et langage », *in L'art du droit en quête de sagesse*, Puf, 1998, p. 366, n° 23. Dans le même sens, Jean Carbonnier, *V°* « Codification », *in* P. Raynaud, S. Rials, *Dictionnaire de philosophie politique*, p. 89-92, qui expose qu'une « codification postule une unité de composition, corrélativement une cohérence ».

affichées par la refonte sont à cet égard insuffisantes pour atteindre cet objectif (I), la cohérence dans le rôle attribué aux tiers nécessitant une véritable réforme (II).

I- L'insuffisante refonte du statut des tiers en procédure pénale

Suivant l'exposé des motifs du projet de loi d'orientation et de programmation du ministère de la Justice 2023-2027, l'article 2 de ce projet permet au gouvernement de procéder à la « *réécriture à droit constant du code de procédure pénale* » qui « *procède d'une refonte de la procédure pénale et non de sa réforme* »[13] : il s'agit d'intégrer « *les modifications nécessaires pour améliorer la cohérence rédactionnelle du code, assurer le respect de la hiérarchie des normes et harmoniser l'état du droit* »[14].

L'entreprise se résume ainsi, s'agissant des tiers, à l'intégration des solutions jurisprudentielles, qui font déjà partie du droit positif, accompagnées d'une suppression des seules incohérences formelles (A), laissant subsister des incohérences plus profondes, qu'une simple réécriture des dispositions du code de procédure pénale ne permet pas d'effacer (B).

A- La suppression imparfaite des incohérences formelles

Le seul apport que l'on peut attendre *a priori* de la refonte du code de procédure pénale s'agissant de la participation des tiers à la procédure pénale est certes d'intégrer les solutions jurisprudentielles en la matière, qui

---

[13] Exposé des motifs du projet de loi d'orientation et de programmation du ministère de la Justice 2023-2027.
[14] *Ibid.*

sont de plus en plus nombreuses mais qui font déjà partie du droit positif, mais surtout de corriger les *incohérences formelles* résultant du développement de ces solutions. En particulier, l'article 497 du code de procédure pénale désigne les personnes ayant la faculté de faire appel du jugement : le prévenu, la personne civilement responsable et la partie civile quant aux intérêts civils, le procureur de la République et le procureur général près la cour d'appel, les administrations publiques lorsqu'elles exercent l'action publique[15]. La jurisprudence rendue sur le fondement de cet article juge par ailleurs que la liste établie par lui est limitative[16] et qu'il est nécessaire d'être partie en première instance pour pouvoir faire appel d'un jugement pénal[17]. Pourtant, dans un arrêt du 7 septembre 2022, la chambre criminelle reconnaît au tiers propriétaire du bien susceptible d'être confisqué, qui n'apparaît pas dans la liste de l'article précité, la faculté de relever appel du jugement prononçant la confiscation du bien lui appartenant, dans l'hypothèse où il n'aurait pas été mis en mesure de présenter ses observations conformément à ce qu'exigent les dispositions de l'article 131-21 du code pénal, complété par l'article D. 45-2-1 du code de procédure pénale[18]. L'intégration de cette solution de la Cour de cassation dans le code de procédure pénale, guidée par les exigences européennes[19], devra nécessairement conduire, *a minima*, à retoucher l'article 497 de ce code. La procédure pénale telle qu'elle se présente dans ce dernier s'est en effet trouvée dépassée du fait de la multiplication des exigences européennes ou constitutionnelles[20] ; c'est la Cour de cassation, souvent, qui

[15] C. proc. pén., art. 497.
[16] Crim., 10 janv. 1984, n° 83-94.291.
[17] Crim., 20 déc. 1994, n° 93-84.858.
[18] Crim., 7 sept. 2022, n° 21-84.322.
[19] V. *infra*
[20] Rappr. Ph. Conte, F. Safi, « Les 60 ans du Code de procédure pénale », *Droit pénal* n° 4, Avril 2019, dossier 1 : « [le code de

a dû compenser cela en adoptant des solutions conformes aux droits européens, parfois en contradiction avec les dispositions mêmes du code. Ce sont ces contradictions que la réécriture du code de procédure pénale, telle qu'elle est envisagée par le gouvernement, doit permettre d'effacer.

En revanche, cette réécriture ne permet pas *a priori* de résoudre les incohérences résultant de l'usage, par la jurisprudence, de termes variés et porteurs de sens différents – quoique compatibles – de ceux retenus par le législateur. C'est ainsi que, dans l'application de la procédure de restitution organisée par le code de procédure pénale, la personne, autre que le mis en examen et la partie civile lorsque la demande est portée devant le juge d'instruction[21], ou autre que le prévenu, la partie civile et la personne civilement responsable lorsque la demande est portée devant la juridiction de jugement[22], et qui *prétend avoir un droit sur un objet placé sous main de justice*, est qualifiée de *tiers intervenant* par la jurisprudence[23]. Dans le cadre des saisies spéciales[24], le tiers *ayant des droits sur le bien saisi* se voit notifier l'ordonnance de saisie, peut en relever appel et est alors désigné, de manière sans doute oxymorique, *tiers appelant* par la jurisprudence[25]. Dans le même ordre d'idée, le témoin assisté a pu être qualifié de *partie intéressée* (n'est-ce pas là un pléonasme ?) par la

---

procédure pénale] ne cesse de gonfler afin d'essayer de suivre le rythme des questions prioritaires de constitutionnalité et des menaces venant de la Cour européenne des droits de l'homme. »

[21] C. proc. pén., art. 99.

[22] C. proc. pén., art. 479, al. 3.

[23] Crim., 19 déc. 1967, n° 67-91.036.

[24] C. proc. pén., art. 706-141 et s.

[25] Crim., 8 mars 2023, n° 22-80.896.

jurisprudence alors qu'elle affirme dans d'autres arrêts que le témoin assisté n'est pas partie à la procédure[26].

L'usage de termes variés par la jurisprudence, nuisant à la cohérence et à la lisibilité du statut du tiers en procédure pénale, ne paraît pas pouvoir être régulé par la réécriture de code de procédure pénale dès lors qu'il est en réalité le signe d'incohérences plus profondes et d'un manque de conceptualisation de la participation des tiers à la procédure pénale.

B- La persistance des incohérences substantielles

Les raisons pour lesquelles certains tiers à l'instance pénale se sont vu octroyer des prérogatives processuelles sont plutôt d'ordre politique. Le législateur ou la jurisprudence ont en effet été guidés par de tels objectifs sans chercher à conceptualiser la participation des tiers à la procédure pénale. Le témoin assisté a par exemple été conçu dès l'origine comme une catégorie intermédiaire entre le témoin assisté et le mis en examen. Pourquoi ? Pour éviter l'opprobre qu'occasionnait une telle inculpation à ceux contre lesquels existaient des indices rendant vraisemblable qu'ils aient pu participer comme auteur ou complice à la commission d'une infraction tout en leur permettant de bénéficier de certains droits[27]. Autrement dit, il s'agissait de sauvegarder les droits de la défense et la réputation de la personne sur laquelle ne pesaient pas encore d'indices graves ou concordants. Le choix d'un statut intermédiaire, assorti d'un régime intermédiaire, n'a pas été accompagné d'une réflexion conceptuelle à propos de l'octroi de prérogatives processuelles à un tiers,

---

[26] Crim., 21 juin 2005, n° 05-81.694 ; 2 sept. 2009, n° 08-86.938 ; 21 mars 2012, n° 07-88.300 et 10-88.110.

[27] A. Giudicelli, « Le témoin assisté et la personne mise en examen : vers un nouvel équilibre ? », *RSC*, 2001, p. 43.

prérogatives jusqu'ici réservées au mis en examen, partie à la procédure. La volonté politique présidant à l'octroi de prérogatives processuelles aux tiers est encore plus éclatante s'agissant du tiers propriétaire du bien confisqué : il s'agissait simplement d'assurer la conformité du droit français aux exigences constitutionnelles[28] et européennes[29]. La prise en compte des tiers subissant les effets du jugement pénal n'est pas nouvelle, en particulier lorsque le juge pénal prononce des mesures réelles[30]. Mais les exigences européennes en la matière ont conduit le juge français puis le législateur à s'y conformer sans réfléchir encore une fois à ce que l'octroi, notamment de la faculté pour le tiers de relever appel du jugement de condamnation, pouvait signifier pour la procédure pénale. Dans l'arrêt du 7 septembre 2022 précité, la chambre criminelle l'invoque expressément : « *pour tenir compte des décisions rendues tant par la Cour européenne des droits de l'homme, que par la Cour de justice de l'Union européenne, les personnes dont le titre est connu ou qui ont réclamé cette qualité au cours de la procédure sont recevables à interjeter appel ou à former un pourvoi en cassation contre la décision ordonnant la confiscation d'un bien leur appartenant* »[31].

Ainsi, la participation des tiers à la procédure pénale n'a pas été conceptualisée, ce qui explique l'existence d'incohérences substantielles[32]. L'incohérence majeure

---

[28] Cons. const., 23 sept. 2021, n° 2021-932 QPC ; 24 nov. 2021, n° 2021-949/950 QPC.

[29] V. not. CEDH, *Bokova c. Russie*, 16 avr. 2019, req. n° 27879/13 ; CJUE, 21 oct. 2021, C-845/19 et C-863/19.

[30] V. par ex. Crim., 11 juil. 1979, bull. n° 246 : reconnaît au propriétaire du fonds de commerce la faculté d'interjeter appel de la décision ordonnant sa fermeture temporaire.

[31] Crim., 7 sept. 2022, préc.

[32] Dans le même sens, A. Maron, « La vie commence à 60 ans », *Droit pénal* n° 4, Avril 2019, repère 4 : « Répondant par des lois de circonstances, *sans réflexion ni vue d'ensemble* aux exigences de la

tient au lien opéré entre la notion de partie et l'octroi de prérogatives processuelles dans certaines solutions jurisprudentielles, en particulier à propos du témoin assisté[33], démenti par d'autres solutions, applicables au témoin assisté[34] ou au tiers propriétaire d'un bien saisi ou confisqué[35]. S'agissant du témoin assisté, la qualité de partie est brandie par la jurisprudence pour refuser à celui-ci l'octroi de prérogatives processuelles, par exemple la faculté de se pourvoir en cassation contre les arrêts de la chambre de l'instruction. On en déduit dès lors que la qualité de partie semble déterminer l'octroi de prérogatives processuelles. Dans d'autres hypothèses, cet argument n'est pourtant pas opératoire : par exemple, la Cour de cassation a jugé que « *bien que n'étant pas partie à la procédure, le témoin assisté qui n'a pas été mis en mesure de faire valoir les droits que lui reconnaît l'article 197-1 du Code de procédure pénale est recevable à se pourvoir en cassation contre l'arrêt de la chambre de l'instruction saisie de l'appel de l'ordonnance de non-lieu* » (nous soulignons), de sorte que l'absence de qualité de partie n'est pas un obstacle à l'octroi de prérogatives processuelles.

On ne sait alors pas bien quel critère juridique justifie l'octroi de telles prérogatives, si ce n'est la nécessité de se conformer aux exigences européennes s'agissant du tiers du

Convention européenne des droits de l'homme, interprétées au fil de ses arrêts par la Cour du même nom, [le code de procédure pénale] s'est accru de titres et de boursouflures nouveaux, empilés, ravaudés, rapiécés. » (nous soulignons)

[33] Crim., 21 juin 2005, préc. : « n'étant pas partie à la procédure, le témoin assisté n'a pas qualité pour exercer les voies de recours ».

[34] Crim., 16 juin 2011, n° 11-80.618 : « bien que n'étant pas partie à la procédure, le témoin assisté qui n'a pas été mis en mesure d'exercer les droits que lui reconnaît l'article 197-1 du code de procédure pénale est recevable à se pourvoir en cassation contre l'arrêt de la chambre de l'instruction saisie de l'appel de l'ordonnance de non-lieu ».

[35] Crim., 7 sept. 2022, préc.

bien saisi ou confisqué. Ces incohérences d'ordre substantiel ne peuvent être supprimées par la simple réécriture du code de procédure pénale, sans prendre le temps de (re)penser la place offerte aux tiers dans cette procédure. Elle permet uniquement de gommer quelques incohérences formelles et non d'atteindre l'objectif que doit poursuivre toute entreprise de codification ou recodification : celle de la cohérence substantielle des dispositions.

II- La nécessaire réforme du statut des tiers en procédure pénale

La cohérence substantielle des dispositions du code de procédure pénale relatives aux tiers n'est possible que par la réforme. Mais pas n'importe laquelle : celle opérée en ayant le souci d'apporter à cet édifice ce qui lui manque, soit de la conceptualisation. À cet égard, si le projet de loi d'orientation et de programmation de la justice évoque la « *réforme du statut du témoin assisté* »[36], celle-ci n'est pas guidée par la volonté d'apporter à ce statut des fondations solides. C'est pourtant de cela qu'a besoin la participation des tiers à la procédure, par la détermination des critères juridiques de cette participation. L'identification de pareils critères passe par la résolution de deux questions. La première : comment peut-on expliquer, juridiquement, que ces personnes, désignées tiers à la procédure, participent à cette dernière, se voient octroyer des prérogatives processuelles ? La seconde : de quelle manière peut-on envisager pareille participation ? En d'autres termes, il s'agit d'identifier le critère juridique présidant à la

[36] Exposé des motifs du projet de loi d'orientation et de programmation du ministère de la Justice 2023-2027.

participation du tiers à la procédure (A), puis les modalités de cette participation (B).

A- L'identification du critère de la participation des tiers à la procédure pénale

La conceptualisation de la participation des tiers à la procédure pénale nécessite de s'interroger sur la raison pour laquelle ces personnes (témoin assisté, tiers propriétaire), désignées tiers, sont autorisées à y participer, cela par l'octroi de prérogatives processuelles.

Si l'on reprend le lien nécessaire bien souvent opéré entre qualité de partie et octroi de prérogatives processuelles, on pourrait être tenté de répondre que ces tiers sont en réalité des parties – il s'agirait d'un problème de qualification – ou encore qu'il est aberrant de leur octroyer de telles prérogatives – il s'agirait d'un problème de régime appliqué. En vérité, le régime appliqué est celui recherché tant par le législateur que par la jurisprudence : on veut permettre aux témoins assistés et tiers propriétaires de bien saisi ou confisqué d'exercer certaines prérogatives processuelles. Il est ainsi inenvisageable de retirer au tiers propriétaire ses prérogatives processuelles au regard des exigences européennes, de même que retirer les siennes au témoin assisté conduirait finalement à supprimer purement et simplement ce statut procédural hybride.

Pour déterminer si la qualité de tiers est celle qui sied le mieux au témoin assisté et au tiers propriétaire, il faut pouvoir déterminer ce qui fait une partie à la procédure, question réputée être l'une des plus délicates du droit processuel[37]. En procédure civile, il a été soutenu que les parties sont déterminées dès le déclenchement de l'instance par l'acte introductif d'instance. L'un, le demandeur, est

---

[37] L. Cadiet, E. Jeuland, *Droit judiciaire privé*, Lexisnexis, 2011, 7ème éd., n° 494.

auteur de l'acte de saisine du juge et a l'initiative de l'instance ; l'autre, le défendeur, est destinataire de la demande pour y être désigné et est celui contre lequel la demande est formée. Tous deux participent aux effets juridiques de cette demande en justice et sont « *conduit*[s] *à en subir les effets* »[38] et en particulier ceux de la décision prise par le juge au terme de la procédure. En procédure pénale, on peut considérer que le réquisitoire introductif, acte matérialisant le déclenchement des poursuites, constitue la demande initiale, qui fait du ministère public le demandeur à l'instance se déroulant devant le juge d'instruction. La personne nommément visée dans cette demande, qui doit être entendue *a minima* sous le statut de témoin assisté[39], devrait alors être considérée comme partie à la procédure. La jurisprudence antérieure à la création du statut du témoin assisté était en ce sens : « *toute personne mise en cause par une plainte avec constitution de partie civile et contre laquelle le ministère public a requis nommément l'ouverture d'une information doit être considérée comme mise en examen et s'avère nécessairement partie à l'instance* »[40], quand bien même elle n'aurait pas été mise en examen par le juge d'instruction. La plainte avec constitution de partie civile et le réquisitoire introductif permettaient donc de désigner la partie à l'instance. Il ne devrait pas *a priori* en être différemment s'agissant du témoin assisté. Cependant, la différence la plus déterminante entre mis en examen et témoin assisté est que ce dernier ne peut faire l'objet d'une mesure de sûreté ni faire l'objet d'une ordonnance de renvoi

[38] A. Bergeaud-Wetterwald, E. Bonis, Y. Capdepon, *Procédure civile*, Cujas, 2017, n° 758, p. 312, n° 529 et s., p. 221-222.

[39] En application de l'article 113-1 du code de procédure pénale, est nécessairement entendue sous le statut de témoin assisté toute personne nommément visée par un réquisitoire introductif ou un réquisitoire supplétif et qui n'est pas mise en examen.

[40] Crim., 2 juil. 1998, n° 97-83.666.

ou de mise en accusation. On pourrait alors justifier techniquement le refus d'octroi de la qualité de partie au témoin assisté par le fait qu'il n'est pas susceptible de subir les effets de la décision que devra prendre le magistrat instructeur au terme de son instruction, seul le mis en examen étant susceptible d'être renvoyé devant une juridiction de jugement. Ne pas octroyer la qualité de partie à la procédure au témoin assisté peut donc être techniquement justifié. Par ailleurs, qu'il s'agisse du tiers propriétaire du bien saisi à l'occasion de la procédure ou du tiers propriétaire du bien susceptible de confiscation, ce propriétaire n'est pas visé par l'acte de saisine de la juridiction d'instruction ou de jugement. Par conséquent, il n'est pas possible, en l'état de la jurisprudence, de lui donner la qualité de partie à la procédure. En revanche, s'agissant en particulier du tiers propriétaire d'un bien saisi, selon les termes de la jurisprudence, « *l'article 99 du Code de procédure pénale institue en faveur de toute personne qui prétend avoir droit sur un objet placé sous main de justice une procédure particulière lui permettant d'en réclamer la restitution aux juridictions d'instruction* »[41]. Le tiers à la procédure pénale à l'occasion de laquelle la saisie a eu lieu est ainsi *partie*, non pas à la procédure pénale dirigée contre une autre personne, mais *à l'instance sur la restitution.* Il s'agirait ainsi d'une action à fins civiles distincte de l'action publique, le tiers propriétaire cherchant à ce qu'on lui rende le bien sur lequel il détient un droit de propriété devant le juge pénal.

Le témoin assisté et le tiers propriétaire du bien saisi ou confisqué ne peuvent donc pas recevoir la qualité de partie à la procédure. Si l'on excepte le tiers propriétaire formant une demande de restitution devant le juge pénal, la qualité de partie n'est pas toujours opératoire pour expliquer techniquement l'octroi de prérogatives processuelles. Peut-

[41] V. not. Crim., 23 mars 1977, n° 75-92.170.

être parce que le critère d'octroi des prérogatives processuelles est autre chose que la seule qualité de partie.

Si l'on se penche sur les solutions jurisprudentielles nationales, un autre critère d'octroi des droits processuels peut être dégagé. Les prérogatives processuelles paraissent accordées aux tiers dont la situation juridique est susceptible d'être affectée par un acte de procédure ou par une décision de justice, sans que la demande en justice ait été dirigée contre lui. C'est globalement le cas du témoin assisté, dès lors que, suspect, les actes de procédure sont susceptibles de modifier sa situation procédurale. C'est également le cas du tiers propriétaire lorsque son bien a été saisi ou qu'il risque d'être confisqué. La faculté d'exercer les voies de recours contre une décision paraît par ailleurs parfois octroyée lorsque le tiers n'a pas pu présenter ses observations : l'absence de respect de ses droits de la défense constitue le critère de cet octroi en ces hypothèses. C'est le cas du témoin assisté, qui peut se pourvoir en cassation contre l'arrêt statuant sur une demande d'annulation de l'ordonnance de non-lieu, notamment lorsqu'il n'a pas pu faire valoir les droits que lui reconnaît 197-1 du code de procédure pénale[42]. C'est le cas également du tiers propriétaire du bien susceptible de confiscation, qui peut relever appel du jugement de condamnation lorsqu'il n'a pas pu présenter ses observations en première instance[43].

C'est parce que l'acte ou la décision est susceptible de modifier sa situation juridique, et même si la demande ne le désigne pas destinataire de la décision, que le tiers à la procédure bénéficie de droits processuels, et ce *à la mesure de ce que la défense de ses intérêts nécessite*. Par exemple,

---

[42] Celui d'être avisé de l'audience et de faire valoir ses observations par l'intermédiaire de son avocat, v. Crim., 16 juin 2011, préc.
[43] Crim., 7 sept. 2022, préc.

s'agissant du tiers propriétaire sollicitant la restitution du bien saisi, seules sont communiquées les pièces utiles et non l'entier dossier de la procédure[44]. Autrement dit, c'est l'existence d'un *intérêt* pour la personne qui justifie l'octroi de prérogatives processuelles, tant dans son principe que dans son étendue. Parce que la procédure pénale porte atteinte à leurs intérêts, les tiers doivent pouvoir faire valoir leurs droits. Mais la procédure n'est pas dirigée contre ces personnes ; il est donc cohérent de ne pas en faire des parties à la procédure tout en leur permettant de faire valoir leurs droits. Ce critère est néanmoins insuffisant : en procédure pénale, toute personne ayant un intérêt ne bénéficie pas de prérogatives processuelles. Encore faut-il que le législateur ait accepté de les lui accorder. Autrement dit, c'est l'existence de la *qualité* attribuée par la loi qui finit de justifier l'octroi de prérogatives processuelles.

Ainsi, c'est parce que le tiers est susceptible d'être touché par un acte de procédure et que la loi accepte sa participation à la procédure pénale qu'il se voit octroyer de telles prérogatives.

B- La détermination des modalités de la participation des tiers à la procédure pénale

Une fois le critère d'octroi des prérogatives processuelles déterminé, la conceptualisation de la participation des tiers à la procédure pénale nécessite de s'interroger sur les modalités de cette participation. Deux voies sont offertes en exemple par le code de procédure pénale suisse et par le code de procédure pénale allemand.

---

[44] C. proc. pén., art. 479, al. 2 : seuls les procès-verbaux relatifs à la saisie des objets peuvent lui (c'est-à-dire toute personne autre que les parties qui prétend avoir droit sur des objets placés sous main de justice) être communiqués. La jurisprudence le confirme avec constance, v. not. Crim., 21 oct. 2020, n° 19-87.071.

Le code de procédure pénale suisse prévoit l'octroi de la qualité de partie aux tiers « *touchés par des actes de procédure* », dans la mesure nécessaire à la sauvegarde de leurs intérêts[45]. Cette solution s'apparente à celle de l'intervention volontaire du tiers en procédure civile[46] : le tiers est autorisé à intervenir à l'instance pénale lorsque la décision prise par le juge est susceptible de modifier sa situation juridique et se voit alors octroyer la qualité de partie à l'instance. Le code de procédure pénale allemand, quant à lui, offre aux tiers propriétaires la reconnaissance d'une action distincte de celle publique ; il prévoit en effet que, lorsque l'objet confisqué appartient à un tiers et non au prévenu, ce tiers doit être partie à la procédure sur la confiscation[47].

Si l'on cherche à transposer ces solutions aux tiers auxquels nous nous sommes intéressés dans cette étude, on peut observer qu'elles ne sont guère satisfaisantes s'agissant du témoin assisté. Seule la mise en examen de ce dernier peut lui donner la qualité de partie à la procédure et il n'est pas souhaitable qu'il en soit autrement : si cette qualité pouvait lui être octroyée, cela finirait de ruiner la distinction entre mis en examen et témoin assisté. Sa participation à l'instance ne peut ainsi conduire à son intégration à cette dernière en tant que partie. Plus généralement et à bien y réfléchir, on peut douter de la pertinence de ce statut, qui plus est délaissé par les magistrats. Pour plus de clarté, notre procédure pénale gagnerait à ce qu'il soit purement et simplement supprimé.

---

[45] C. proc. pén. suisse, art. 105.

[46] L'intervention volontaire peut être définie comme la « demande en justice qui émane du tiers et dont l'effet est de le rendre partie à l'instance. Dans ce cas, le tiers souhaite devenir partie parce qu'il a un intérêt à défendre dans le procès opposant les parties initiales », A. Bergeaud-Wetterwald, E. Bonis, Y. Capdepon, *op. cit.*, n° 758, p. 312.

[47] StPO, §424.

Les droits du témoin assisté sont très proches de ceux du mis en examen et la préservation de la réputation de la personne par l'octroi de ce statut de témoin assisté est plutôt douteuse[48]. Le projet de loi d'orientation et de programmation de la justice n'est toutefois pas en ce sens : il augmente encore les droits du témoin assisté, réduisant alors la distinction entre les deux statuts, sans modifier sa qualité de tiers.

Les leçons du droit comparé sont plus intéressantes s'agissant du tiers propriétaire du bien susceptible de subir les effets d'une décision de confiscation. On peut s'interroger sur l'opportunité de lui octroyer la qualité de partie à l'instance *pénale* par le biais de l'intervention lorsqu'il exerce ses prérogatives processuelles ou lorsqu'on l'attrait à la procédure pénale. Si l'on compare à l'intégration des tiers à l'action civile, la situation du tiers propriétaire n'est, selon un auteur, pas différente de celle du tiers civilement responsable[49] dont l'intervention à l'instance est forcée et qui est alors considéré comme une partie, non à l'instance pénale, mais à l'instance *civile*. On peut comprendre cette réticence à peine dissimulée à faire du tiers propriétaire une partie à l'instance *pénale*[50], au regard de l'objet de l'action publique, à savoir l'application d'une peine à l'encontre du prévenu ou de l'accusé et non du tiers propriétaire. Pour autant, d'autres solutions, certes

---

[48] V. en ce sens Y. Capdepon, *Essai d'une théorie générale des droits de la défense*, thèse, Bordeaux, 2011, n° 473, p. 313 : « il est loin d'être certain que l'opinion publique soit à ce point au fait de la finesse de la distinction entre un témoin assisté et une personne mise en examen ».

[49] B. Bouloc, *op. cit.*, n° 328 p. 307-308. Rapp. S. Detraz, « Droits procéduraux des tiers propriétaires d'un bien confiscable », *JCP G*, 2022, act. 1197, qui considère que le tiers propriétaire ne nécessite, au regard des exigences européennes, qu'un statut civil.

[50] V. not. F. Engel, « La notion de partie au procès pénal », *in Annales de l'Institut de criminologie et de sciences pénales Roger Merle*, Presses de l'Université de Toulouse 1 Capitole, vol. 3, 2022.

isolées, révèlent la fragile conceptualisation de l'action publique : en matière de confiscation, la chambre criminelle a ainsi pu considérer que le décès du condamné ayant formé un pourvoi en cassation contre l'arrêt l'ayant déclaré coupable et condamné à une peine de confiscation emportait extinction de l'action publique mais seulement quant à la culpabilité du défunt et non quant à la confiscation, celle-ci étant une mesure réelle[51]. Une action publique à double objet, réel et personnel[52], ou une forme de « sous-procès » relative à la confiscation[53] existerait donc dans la procédure pénale, à laquelle pourrait être partie le propriétaire. On n'est pas si loin de la solution retenue par le code de procédure pénale allemand, qui prévoit la possibilité d'une césure du procès pénal avec une procédure de confiscation distincte à laquelle le tiers propriétaire est partie[54]. Il suffirait de franchir le pas, de maintenir le propriétaire à sa place de tiers à la procédure pénale, tout en lui octroyant la qualité de partie à la procédure de confiscation dans laquelle il pourrait opposer des moyens de défense tirés notamment de sa bonne foi[55]. Le tiers propriétaire, qui dispose déjà d'une action particulière lui permettant de solliciter la restitution du bien saisi, connaîtrait un statut uniforme. Il n'est cependant pas certain

---

[51] Crim., 25 juin 2013, n° 12-80859.
[52] S. Detraz, « Action publique fantôme mais sanction réelle », *Gaz. Pal.*, 15 oct. 2013.
[53] S. Detraz, « Droits procéduraux des tiers propriétaires d'un bien confiscable », *op. cit.*
[54] StPO, §422-423-424.
[55] L'article 131-21 du code pénal prévoit en effet que la confiscation peut être prononcée « sous réserve des droits du propriétaire *de bonne foi* » (nous soulignons) lorsqu'elle ne porte pas sur un objet qualifié de dangereux ou nuisible par la loi ou le règlement ou dont la détention est illicite, de sorte que rapporter la preuve de sa bonne foi constitue pour le propriétaire un moyen de solliciter que la peine de confiscation ne soit pas prononcée.

que la multiplication des actions soit gage de simplification de la procédure pénale.

Le législateur est alors pris en étau entre ce souci de simplification de la procédure pénale et du poids des exigences européennes. La Cour européenne des droits de l'homme, dans l'arrêt *Bokova contre Russie* du 16 avril 2019, juge en effet que « *les personnes dont les biens sont menacés de confiscation doivent se voir conférer le statut de partie au procès dans le cadre duquel la confiscation peut être ordonnée* »[56]. Ce n'était pas le cas dans l'espèce qui lui était soumise, la requérante n'ayant eu qu'un statut de témoin dans la procédure pénale concernant son mari et n'ayant pas joui de droits procéduraux lui permettant de contester les éléments sur lesquels les juges allaient se fonder pour prononcer la confiscation de leur bien immobilier commun. C'est le cas encore de la CJUE qui juge que la réglementation nationale ne peut permettre « *la confiscation, au profit de l'État, d'un bien dont il est allégué qu'il appartient à une personne différente de l'auteur de l'infraction pénale, sans que cette personne ait la faculté de se constituer partie à la procédure de confiscation.* »[57].

Pour atteindre la conformité de notre procédure pénale aux exigences européennes et, plus que tout, pour que le code de procédure pénale remplisse de nouveau son office, une simple réécriture des dispositions du code de procédure pénale est insuffisante. Une véritable réforme est indispensable, une réelle conceptualisation de ce qu'est une partie et de la participation des tiers à la procédure est nécessaire. Son absence dans le projet de loi constitue la marque, parmi d'autres, du manque d'ambition – affichée à tout le moins – de cette refonte du code de procédure pénale.

---

[56] CEDH, *Bokova c. Russie*, 16 avr. 2019, req. n° 27879/13.
[57] CJUE, 21 oct. 2021, C-845/19 et C-863/19.

L'ACCELERATION DE LA REPONSE PENALE

JULIE DAGON
Doctorante à l'Université de Bordeaux

« Rien ne sert de courir ; il faut partir à point »[1] disait la tortue au lièvre au départ de leur course et, alors qu'elle se hâtait avec lenteur[2], elle franchit la ligne d'arrivée avant le lièvre. Voici un conseil que la procédure pénale, tout du moins ses rédacteurs et ses praticiens, ne semble pas écouter. En effet, les acteurs de la procédure pénale sont animés par la volonté d'accélérer toutes les phases de la procédure pénale, le but escompté étant celui d'accélérer la réponse pénale.

En principe, toute infraction commise peut faire l'objet d'une réponse pénale de la part de l'autorité judiciaire, plus précisément, du magistrat du parquet qui devra alors se prononcer sur les suites à donner au comportement infractionnel.

La notion de « réponse pénale » ne peut être complètement assimilée à celle de « poursuites ». Depuis le développement d'une « troisième voie », le magistrat du parquet peut avoir recours à une procédure alternative aux poursuites plutôt que de saisir une juridiction répressive aux fins d'instruction ou de jugement. Dès lors, la réponse pénale correspond à la réponse apportée par le magistrat du parquet qui, selon le principe d'opportunité des poursuites, consiste soit à engager des poursuites, soit à mettre en

[1] DE LA FONTAINE J., *Les fables de La Fontaine*, Livre VI, 1968.
[2] *Ibid.*

œuvre une procédure alternative aux poursuites ou encore, une composition pénale[3].

Si, dans les années 2000, la politique pénale dite de « tolérance 0 » avait des répercussions sur le taux de réponse pénale qui augmentait drastiquement, à présent l'objectif affiché par la politique pénale est celui d'accélérer le traitement des affaires pénales en donnant à la suite de la commission d'une infraction, une réponse pénale rapide et, parfois même, immédiate. Hier encore, il était question d'augmenter le taux de réponse pénale, aujourd'hui il convient d'accélérer la réponse pénale[4]. Cet objectif d'accélération résulte du constat suivant : la durée moyenne des affaires jugées par les tribunaux correctionnels par voie procédurale augmente. À titre d'exemple, la durée moyenne des affaires jugées en comparution immédiate est passée de 0,7 mois en 2013 à 1,2 mois en 2020, tandis que la durée moyenne des affaires jugées par convocation par procès-verbal du procureur de la République est passée de 3,4 mois en 2013 à 6,6 mois en 2020.

Puisque le délai de traitement des dossiers pénaux augmente, le nombre d'affaires pénales en cours augmente également au sein des tribunaux judiciaires, ce qui conduit à créer un stock de dossiers. Plus le stock de dossiers est important, plus le délai d'écoulement de ces stocks augmente. Au niveau national, le délai moyen d'écoulement du stock des affaires devant les tribunaux correctionnels

---

[3] C. proc. pén., art. 41-1.

[4] Il ne faut pas faire de confusion entre les notions « taux de réponse pénale » et de « réponse pénale ». Le taux de réponse pénale correspond au rapport du nombre d'affaires poursuivies (c'est-à-dire, ayant fait l'objet d'une poursuite ou d'une mesure alternative aux poursuites) sur le nombre d'affaires poursuivables (c'est-à-dire, toutes les infractions qui ne peuvent faire l'objet d'un classement sans suite). La notion de réponse pénale se définit plus largement puisqu'elle intègre les classements sans suite.

(toutes voies procédurales confondues) est passé de 3,6 à 4,3 mois entre 2014 et 2021.[5]

L'accélération de la réponse pénale est un levier indispensable pour contrecarrer ce cercle vicieux. Plus la réponse pénale est rapide, voire immédiate, moins le stock de dossiers sera abondant et plus le délai moyen de traitement du dossier pénal sera court.

La question de l'accélération est un phénomène global caractéristique de notre société contemporaine, qui concerne le service public par « la prolifération de dispositifs, réunis sous l'étiquette de nouveau management public ». Ces dispositifs visent à assurer et accroître l'efficacité et la performance des services publics.[6] La notion d'accélération, lorsqu'elle s'applique plus spécifiquement à la justice pénale, se traduit par la volonté d'accroître l'efficacité (voire l'efficience) de la procédure pénale : au temps légal de la procédure pénale (celui des délais de justice qui déterminent le déroulement des procès) se substitue une nouvelle temporalité, celle qui résulte des pressions gestionnaires, une nouvelle temporalité qui conduit à vouloir optimiser la réponse pénale pour qu'elle soit instantanée[7].

La justice pénale semble alors céder à ces pressions gestionnaires et vouloir suivre le lièvre de La Fontaine.

---

[5] CHEVALIER P. (dir), *Chiffres clés de la Justice*, ministère de la Justice, sous-direction de la Statistique et des Études, 2022, p. 15 et s.

[6] ACKERMANN W., et BASTARD B., « La modernisation de l'institution judiciaire : la surprenante diffusion des tableaux de bord », in GREMION C., et FRAISSE R. (dir.), *Le service public en recherche. Quelle modernisation* ?, Paris : La Documentation française, 1996, p. 187-201.

[7] BASTARD B., DELVAUX D., MOUHANNA C., SCHOENAERS F., « Vitesse ou précipitation ? La question du temps dans le traitement des affaires pénales en France et en Belgique », *Droit et société*, vol. 90, n° 2, 2015, pp. 271-286.

Dans une course effrénée à la réponse pénale immédiate, émergent alors de nombreux « dispositifs » qui visent à assurer l'efficience de la procédure pénale. D'origine légale, ou issus de la pratique, ces dispositifs permettent une meilleure gestion des flux de dossiers pour, *in fine*, accélérer le cours de la procédure pénale. L'archétype de l'accélération de la réponse pénale voit le jour dans les années 1980. Issu de la pratique judiciaire, le traitement en temps réel fut réglementé en premier lieu par voie de circulaire avant d'être généralisé à l'ensemble des juridictions. C'est le mode de traitement immédiat du dossier pénal, matérialisé par un appel téléphonique qui dure seulement quelques minutes. Le dossier entre dans le circuit pénal et fait l'objet d'une orientation instantanée. L'objectif affiché par le développement du traitement en temps réel, dit TTR, était d'assurer le traitement immédiat des procédures afin de réduire le délai de prise de décision du magistrat du parquet et de raccourcir le délai entre la commission de l'infraction et la réponse judiciaire donnée. Le développement du TTR se combine à l'émergence d'une troisième voie de la réponse pénale, celle des alternatives aux poursuites, qui constitue, avec les procédures simplifiées, l'un des outils les plus efficaces pour accélérer la réponse pénale et l'orientation des poursuites.

D'autres techniques d'accélération suivront. La loi du 23 mars 2019 de programmation pour la justice[8] prévoit l'extension de l'amende forfaitaire délictuelle à divers délits tels que l'usage de produits stupéfiants ou encore la vente non autorisée d'alcool, modifie substantiellement le régime de la composition pénale, celui de la comparution sur reconnaissance préalable de culpabilité, crée la comparution à délai différé et généralise l'audience à juge

[8] Loi n° 2019-222 du 23 mars 2019 de programmation 2018-2022 et de réforme pour la justice.

unique ainsi que les cours criminelles départementales. La loi du 8 avril 2021[9] présente expressément l'objectif d'améliorer l'efficacité de la justice de proximité et de la réponse pénale. A cette fin, la loi prévoit notamment des modifications importantes concernant les mesures alternatives aux poursuites. En juillet 2022, le rapport du comité des États généraux de la justice entérine cette volonté d'accélération et prévoit d'autres dispositifs qui intéressent toute la procédure pénale. Concernant l'accélération de la réponse pénale, le projet de loi Justice[10] fait état de plusieurs dispositifs : l'unification des délais dans le cadre de la comparution immédiate[11], la suppression d'un cas d'ouverture obligatoire d'information judiciaire[12], la nouvelle compétence du juge des libertés et de la détention pour statuer sur des demandes de modifications ou de mainlevée des mesures de contrôle judiciaire ou d'assignation à résidence sous surveillance électronique[13].

De cette multitude d'exemples, il ressort que l'accélération de la réponse pénale ne concerne pas seulement l'orientation des poursuites, mais également la phase de jugement (phase décisoire). Ainsi, la notion de « réponse pénale » ne peut être entièrement assimilée à la réponse apportée par le magistrat du parquet et concerne également la décision prise par le magistrat du siège à la suite de sa saisine par le procureur de la République. Le

---

[9] Loi n° 2021-401 du 8 avril 2021 améliorant l'efficacité de la justice de proximité et de la réponse pénale.

[10] Projet de loi n° 1346 d'orientation et de programmation du ministère de la justice 2023-2027.

[11] Projet de loi n° 1346 d'orientation et de programmation du ministère de la justice 2023-2027, article 3, 14°.

[12] Projet de loi n° 1346 d'orientation et de programmation du ministère de la justice 2023-2027, article 3, 15°.

[13] Projet de loi n° 1346 d'orientation et de programmation du ministère de la justice 2023-2027, article 3, 16°.

magistrat du parquet est l'acteur essentiel de l'accélération de la réponse pénale au stade de l'orientation des poursuites ; mais une fois la juridiction de jugement saisie, l'accélération de la réponse pénale se trouve entre les mains du magistrat du siège.

L'accélération de la réponse pénale est un objectif louable, mais c'est aussi un risque. Chacun des dispositifs énoncés porte atteinte à la garantie des droits par la remise en cause de plusieurs grands principes de la procédure pénale ou des droits fondamentaux : principe de présence, principe de collégialité, mise à l'écart du juge d'instruction et des garanties liées à l'ouverture d'une information, remise en cause du caractère démocratique de l'audience criminelle.

L'accélération de la réponse pénale est un processus entamé depuis plusieurs décennies, mais ce mouvement ne s'accompagne pas du cadre et des limites nécessaires à garantir le respect des grands principes de la procédure pénale. Poursuivre, par la refonte du code de procédure pénale, le mouvement d'accélération déjà entamé, n'est-ce pas précipiter la réponse pénale ? Accélérer sans garantir le respect des droits fondamentaux, n'est-ce pas précipiter la réponse pénale ?

Tel qu'elle est envisagée par le projet de loi, l'accélération de la réponse pénale s'inscrit dans le prolongement d'un mouvement d'accélération sans limites déjà entamé, depuis plusieurs décennies, par les réformes successives de la procédure pénale. L'accélération devra donc être encadrée puisque, faute de limites, elle pourrait donner lieu à une précipitation de la réponse pénale qui emporterait des conséquences sur le justiciable (notamment, sur le respect du droit au procès équitable et des droits de la défense), mais provoquerait également un déséquilibre entre les acteurs de la procédure pénale au profit du procureur et de l'accroissement de ses pouvoirs. Pourtant, toutes les dispositions du projet de loi convergent vers une accélération de la réponse pénale sans réelles limites qui prend alors la forme d'une précipitation à la fois au stade de l'orientation des poursuites (I) qu'à la phase décisoire de la procédure pénale (II).

I- L'accélération de la réponse pénale au stade de l'orientation

L'accélération de la réponse pénale au stade de l'orientation des poursuites, c'est-à-dire au stade de la mise en mouvement de l'action publique, s'apparente à une précipitation pour plusieurs raisons.

D'une part, cette volonté (ou ce besoin) d'accélérer la réponse pénale conditionne l'orientation des poursuites en ce qu'elle en devient un critère parmi ceux les plus classiques, comme la gravité des faits ou encore l'état de récidive (A).

D'autre part, l'accélération de la réponse pénale au stade de l'orientation des poursuites crée un déséquilibre entre les magistrats qui ont la charge d'apporter la réponse pénale, et cela au profit des magistrats du parquet. Puisque le parquet est la clé de voûte de l'orientation des poursuites, multiplier les dispositifs qui tendent à accélérer la réponse pénale à cette phase de la procédure revient nécessairement à accroître ses pouvoirs (B).

A- L'orientation des poursuites conditionnée par l'accélération de la réponse pénale

Le législateur fit, dans un premier temps, le choix de la diversification de la réponse pénale dans le traitement d'une affaire judiciaire afin de favoriser une systématicité de la réponse pénale et de contrer l'inapplication du droit[14]. Mais, rapidement, la volonté d'accélérer la réponse pénale prit le pas sur sa systématisation. Plus qu'une volonté, l'accélération de la réponse pénale est un besoin pour l'institution judiciaire. Il ne convient pas uniquement de se conformer au respect du délai raisonnable[15], mais plutôt de se confronter à un principe de réalité, celui du manque de moyens de la justice, celui du manque d'effectifs au sein des tribunaux judiciaires, celui de l'augmentation du contentieux pénal. Réalité inquiétante, puisqu'elle se traduit par l'accroissement des stocks de dossiers pénaux. Cette réalité impose donc une optimisation du circuit pénal, qui passe nécessairement par son accélération. L'objectif étant, pour mieux gérer le flux de dossiers pénaux, de réduire le délai de prise de décision des magistrats du parquet et de réduire le délai entre la décision d'orientation des poursuites et la mise en œuvre de la réponse pénale c'est-à-dire d'une mesure alternative aux poursuites, d'une procédure accélérée ou de la saisine d'une juridiction de jugement (exceptionnellement, d'instruction).

L'orientation des poursuites devient alors un levier important de l'accélération de la réponse pénale. Plusieurs procédés permettent d'accélérer cette phase de la procédure.

Le législateur a permis la diversification de la réponse pénale en facilitant le recours aux poursuites et aux poursuites alternatives (procédures simplifiées ou accélérées). Ainsi, les réformes successives animées par

---

[14] TALEB-KARLSSON Akila, « L'opportunité des poursuites et l'idée de systématicité de la réponse pénale », *in* LE BŒUF R. (dir), et LE BOT O. (dir), *L'inapplication du droit*, Confluence des droits, Aix-en-Provence, 2020, p. 131-149.

[15] Voir *infra*.

une plus grande efficacité de la procédure pénale tendent à simplifier le régime de ces procédures et à élargir leur champ d'application. À titre d'exemple, la comparution sur reconnaissance préalable de culpabilité, dite CRPC, fit l'objet de modifications importantes par la loi du 23 mars 2019[16]. L'une de ces modifications a consisté à augmenter le maximum de la peine d'emprisonnement qui peut être proposée. Jusqu'alors, la peine proposée ne pouvait être supérieure à la moitié de la peine encourue sans pouvoir excéder un an. Ce dernier seuil fut porté à 3 ans (par la loi du 23 mars 2019[17]) à l'article 495-8 du Code de procédure pénale[18]. Ce procédé multiplie considérablement les possibilités d'utiliser la CRPC pour des infractions plus graves et d'ainsi proposer une peine plus lourde. Les chiffres parlent d'eux-mêmes : environ 78 000 homologations de CRPC étaient rendues en 2017[19] pour un peu plus de 107 000 homologations de CRPC rendues en 2021[20]. La loi du 23 mars 2019 modifie également le régime de la composition pénale qui n'a plus à être homologuée pour les délits punis d'une peine inférieure ou égale à trois ans d'emprisonnement, lorsque la peine d'amende proposée n'excède pas 3000 euros ou lorsque la valeur de la confiscation prononcée ne dépasse pas ce seuil. Pour ces délits, le prononcé des mesures n'interviendra qu'à la seule diligence d'une autorité chargée de l'action publique sans intervention d'une autorité de jugement. Si cet argument

[16] Loi n° 2019-222 du 23 mars 2019 de programmation 2018-2022 et de réforme pour la justice.

[17] Loi n° 2019-222 du 23 mars 2019 de programmation 2018-2022 et de réforme pour la justice.

[18] FUCINI S., « Loi de réforme de la justice : principales dispositions pénales », Dalloz actualité, 2 avril 2019.

[19] CHAMBAZ C. (dir), *Chiffres clés de la Justice*, ministère de la Justice, sous-direction de la Statistique et des Études, 2018, p. 14 et s.

[20] CHEVALIER P. (dir), *Chiffres clés de la Justice*, ministère de la Justice, sous-direction de la Statistique et des Études, 2022, p. 15 et s.

avait conduit le Conseil constitutionnel à censurer l'injonction pénale en 1995[21], il estime que la suppression de la validation par un juge de la composition pénale proposée par le procureur de la République à l'auteur d'un délit ne contrevient pas aux principes de séparation des autorités de poursuite et de jugement et de séparation des pouvoirs puisque cette suppression est limitée et que les seuils retenus permettent le respect desdits principes[22]. Pourtant, le justiciable se voit attribuer une ou plusieurs des mesures prévues par l'article 41-2 du Code de procédure pénale sans intervention du juge homologateur. Cette réforme vise donc une meilleure efficacité de la procédure pénale en diversifiant la réponse pénale, mais à quel prix ? Juger vite, est-ce nécessairement juger mieux ?

Les textes relatifs à la diversification de la réponse pénale présentent parfois une certaine souplesse, ce qui offre une grande latitude aux magistrats du parquet. Le choix de l'accélération peut donc donner lieu, dans la pratique judiciaire, à une précipitation sans garanties suffisantes. L'exemple de la CRPC démontre bien l'importance de cette latitude laissée aux magistrats du parquet. L'article 495-7 du Code de procédure pénale ne définit pas spécifiquement le type de contentieux ou les catégories d'infractions qui peuvent faire l'objet d'une telle procédure ; le texte ne définit pas non plus le profil de l'auteur (état de récidive ou non). La procédure s'applique « pour tous les délits », à l'exception des délits qui sont mentionnés par l'article, seule précision. La souplesse de l'article 495-7 du Code de procédure pénale est susceptible d'engendrer une grande diversité de pratiques au sein des tribunaux judiciaires[23].

---

[21] Cons. const. 2 févr. 1995, n° 95-360 DC.

[22] Cons. const. 21 mars 2019, n° 2019-778 DC.

[23] BOSSAN J. (dir), LETURMY L. (dir), *La comparution sur reconnaissance préalable de culpabilité, bilans et perspectives*,

Cette diversité peut s'avérer problématique et devrait faire l'objet d'une attention particulière à l'occasion de la refonte du code de procédure pénale. Il serait judicieux de définir un cadre plus rigoureux pour ces procédures accélérées et pour toutes les mesures mises en œuvre par le procureur de la République, plutôt que de chercher, encore, à diversifier la réponse pénale. L'heure est assurément au renforcement des prérogatives du parquet, mais ce mouvement ne va pas nécessairement dans le sens d'une amélioration de la garantie des droits, en ce qu'il contribue même à créer un déséquilibre entre les acteurs de la réponse pénale.

B- L'accélération de l'orientation des poursuites maîtrisée exclusivement par le parquet

Les magistrats du parquet deviennent les acteurs essentiels de la procédure pénale accélérée ; le renforcement de leurs prérogatives entériné par le projet de réforme n'ira pas dans le sens d'un meilleur équilibre entre les prérogatives des acteurs de la réponse pénale. Seules deux mesures proposées par le projet de loi Justice concernent l'accélération de la réponse pénale[24], et l'une d'entre elles est particulièrement significative de la hausse des pouvoirs du procureur de la République et du déséquilibre existant entre les prérogatives des magistrats du parquet et du siège.

Dans le cadre de la comparution immédiate, de la comparution par procès-verbal et de la comparution à délai

---

Rapport final de recherche, Mission de recherche Droit et Justice, novembre 2019, p. 11 et s.

[24] Projet de loi n° 1346 d'orientation et de programmation du ministère de la justice 2023-2027.

différé, trois modalités de saisines du tribunal correctionnel prévues aux articles 393 à 397-7 du Code de procédure pénale, le projet de réforme confère au procureur de la République le choix d'ouvrir ou non une information judiciaire en cas de renvoi du ministère public à mieux se pourvoir.

C'est l'article 397-2 du Code de procédure pénale qui précise les conditions dans lesquelles le tribunal peut décider de faire procéder à un supplément d'information, s'il estime que la complexité de l'affaire est telle qu'il convient de mener des investigations approfondies supplémentaires et, à cette fin, de renvoyer le dossier au procureur de la République. La Cour de cassation estime que le procureur doit requérir l'ouverture d'une information judiciaire lorsque la juridiction de jugement lui renvoie le dossier en raison de la complexité de l'affaire[25]. Il n'y a donc qu'une seule réorientation possible : l'ouverture d'une information judiciaire.

Le projet de réforme écarte cette jurisprudence et propose de compléter l'article 397-2 du Code de procédure pénale en y ajoutant au deuxième alinéa : « Celui-ci (le procureur) donne à l'affaire les suites qu'il estime adaptées »[26]. Cette formulation évasive laisse une grande marge de manœuvre au procureur de la République en prolongeant le principe d'opportunité après la saisine de la juridiction. Il aura plusieurs options : requérir l'ouverture d'une information judiciaire, poursuivre les actes d'investigation sous la forme d'une enquête préliminaire, saisir le tribunal judiciaire selon une autre voie, procéder à un classement sans suite.

Selon l'étude d'impact du projet de loi Justice, « la *ratio legis* du nouvel article 397-2 est louable » puisque « l'ouverture systématique d'une information judiciaire à la

---

[25] Crim., 21 nov. 2012, n°12-80.621.

[26] Projet de loi n° 1346 d'orientation et de programmation du ministère de la justice 2023-2027.

suite du renvoi à mieux se pourvoir par le tribunal est parfois contraire au principe de la bonne administration de la justice »[27]. Cette nouvelle disposition permettrait au procureur de la République de saisir le tribunal selon une procédure plus appropriée après un complément d'information.

Pourtant, la conséquence directe de cette nouvelle disposition serait la mise à l'écart du juge d'instruction. Encore une fois, le caractère trop chronophage de l'information judiciaire est mis en avant pour justifier la hausse des prérogatives du procureur de la République. Selon l'étude d'impact précitée « l'ouverture d'une information judiciaire est nécessairement plus coûteuse en temps, tant pour l'institution judiciaire que pour le mis en cause et les victimes »[28]. Certes, limiter le nombre d'ouvertures d'informations judiciaires permet d'accélérer la réponse pénale, sans pour autant se heurter à quelques obstacles d'ordre conventionnel ou constitutionnel[29]. Mais émerge un point de vigilance. Depuis la loi de programmation pour la Justice de mars 2019[30], une nouvelle procédure se développe : la comparution à délai différé.[31] Il s'agit d'un mode de saisine supplémentaire qui a pour objet d'éviter le recours à des informations judiciaires non nécessaires dans le cas où il faudrait mettre en œuvre des investigations complémentaires. Cette nouvelle procédure se généralise dans la pratique en ce

---

[27] DUPOND-MORETTI E., *Étude d'impact*, texte n° 569, Orientation et programmation du ministère de la justice 2023-2027, déposé au Sénat le 3 mai 2023, pp. 54-56.
[28] *Ibid.*
[29] CE, *Avis sur projet de loi d'orientation et de programmation du ministère de la justice 2023-2027*, 5 mai 2023, n°4068/55.
[30] Loi n° 2019-222 du 23 mars 2019 de programmation 2018-2022 et de réforme pour la justice.
[31] *C. proc. pén.*, art. 397-1-1

qu'elle n'est pas seulement mise en œuvre dans le but de réaliser des investigations supplémentaires, mais est aussi utilisée pour des affaires de moyenne complexité, qui mettent en cause plusieurs individus, afin d'obtenir une demi-journée d'audience voire une journée d'audience sans avoir besoin d'ouvrir une information judiciaire. Une nouvelle pratique de la comparution à délai différé émerge, qui tend à esquiver encore une fois le juge d'instruction.

Par conséquent, nous pouvons observer une tendance de plus en plus forte à réduire l'intervention du juge d'instruction au bénéfice de l'accroissement des prérogatives du procureur de la République. Certes, l'objectif d'accélérer la réponse pénale est louable puisqu'il répond à un principe de réalité, mais le déséquilibre ainsi engendré entre les prérogatives des magistrats du parquet et du siège doit s'accompagner de certaines garanties. À l'heure actuelle, ce déséquilibre entre les acteurs de la réponse pénale se traduit seulement par un renforcement significatif des pouvoirs du procureur par l'attribution de prérogatives que l'on pourrait qualifier de « quasi juridictionnelles » sans aucune révision de son statut, une question qui fait pourtant l'objet d'importants débats[32].

Sans garanties suffisantes, l'accélération de la réponse pénale au stade de l'orientation des poursuites verse dans la précipitation, qu'en est-il de l'accélération au stade du jugement ?

---

[32] Sur ce point, voir Timothée DAVID qui reprend cette question de la révision du statut du procureur de la République dans son article « L'unification des cadres d'enquête ? », dans cet ouvrage, p. 21 et s.

II- L'accélération de la réponse pénale au stade de la phase décisoire

Au stade de la phase décisoire, l'accélération de la réponse pénale est relative. En effet, l'accélération est nuancée – les réformes successives semblent même parfois aller dans le sens d'une décélération –, (A) et, est d'ailleurs peu souhaitée (B), l'éloge de la lenteur prenant tout son sens à cette phase de la procédure pénale.

A- Une accélération relative de la réponse pénale au stade du jugement

Un examen des réformes successives concernant la réponse pénale au stade du jugement permet de souligner quelques ambiguïtés concernant l'accélération de cette phase de la procédure. De nombreuses dispositions traduisent une volonté de la part du législateur de décélérer la réponse pénale au stade du jugement, ce qui irait dans le sens d'une protection des droits du justiciable. C'est le cas notamment des modifications apportées à l'audience d'homologation dans le cadre de la composition pénale, la loi de réforme du 23 mars 2019 imposant au magistrat du siège de faire preuve d'une particulière attention lorsqu'il examine la validité de la composition pénale. Le nouvel article 41-2 du Code de procédure pénale énumère précisément les cas dans lesquels le magistrat du siège doit refuser d'homologuer la composition pénale. Ces modifications se ressentent à l'audience, la sensation de justice expéditive (ou de justice à la chaîne) s'étant atténuée. Ainsi, même si une audience d'homologation peut se composer de plus de quarante dossiers, le juge semble être attentif à la situation particulière de chaque prévenu, s'éloignant alors du stéréotype du « juge-tampon ».

À l'inverse, pour fluidifier la procédure pénale, l'article 3 du projet de réforme prévoit une unification des délais de comparution immédiate lorsque le procureur de la République décide de recourir à cette procédure et que le prévenu ne consent pas à être jugé immédiatement ou que l'affaire n'est pas en état d'être jugée[33]. À l'heure actuelle, ces délais peuvent varier selon plusieurs paramètres[34]. Pour remédier aux difficultés pratiques importantes engendrées par la multiplication des délais de comparution immédiate, le projet de loi propose, quelle que soit la peine encourue, que la seconde audience se tienne dans un délai de deux à huit semaines et que, si le prévenu est en détention provisoire, le jugement intervienne dans un délai de trois mois après la première comparution.

Toutefois, le Conseil d'État explique que, même si cette unification des délais est de bonne administration de la justice, les prévenus doivent pouvoir bénéficier d'un délai suffisant pour préparer leur défense. Il propose alors de fixer un délai maximal de dix semaines et un délai minimal de quatre semaines [35].

Peu importe les discussions techniques autour de la fixation d'un délai, il est surtout nécessaire que l'accélération de la procédure pénale ne se fasse pas au détriment des droits de la défense. Pourtant, la proposition du projet de loi s'accompagne d'une mesure qui octroie compétence au juge des libertés et de la détention pour modifier un contrôle judiciaire ou une assignation à résidence avec surveillance électronique dans le cadre de la procédure de comparution sur procès-verbal, de comparution immédiate et de comparution différée. Cette

---

[33] Projet de loi n° 1346 d'orientation et de programmation du ministère de la justice 2023-2027.

[34] *C. proc. pén.*, art. 397-1 et s.

[35] CE, *Avis sur projet de loi d'orientation et de programmation du ministère de la justice 2023-2027*, 5 mai 2023, n°4068/55.

mesure permettrait d'alléger l'organisation et la charge du tribunal correctionnel des demandes de mainlevée et de modification des mesures de contrôle judiciaire et d'assignation à résidence avec surveillance électronique, en confiant leur examen au juge des libertés et de la détention[36]. Dès lors, plutôt que d'augmenter les effectifs et permettre au tribunal correctionnel de se réunir en collégialité, les nouvelles dispositions semblent s'accorder pour réduire toujours plus le nombre d'intervenants au cours du procès.

B- Une accélération peu souhaitée de la réponse pénale au stade du jugement

La lenteur de la justice peut se concevoir comme une garantie de sa justesse[37]. Plusieurs auteurs soutiennent ce besoin de lenteur dans l'institution judiciaire, allant même jusqu'à faire un « éloge de la lenteur »[38]. Le temps permettrait au magistrat de prendre une décision fondée sur la raison et non sur ces passions. Une décélération de la réponse pénale au stade de la phase décisoire est-elle souhaitable ?

Une analyse des jurisprudences européenne et française conduit à une réponse nuancée. L'exigence d'une justice accélérée est portée au niveau européen par l'article 6§1 de la Convention européenne des droits de l'homme (ci-après « CEDH ») qui affirme le droit pour tout justiciable à ce que sa cause soit entendue dans un délai

---

[36] SAUVÉ J. (dir), *Rendre justice aux citoyens*, Rapport du comité des États généraux de la justice, avril 2022.

[37] PROVOST A., *Une accélération sans précipitation. Le traitement immédiat des affaires pénales à Berlin*, Science Politique, Université de Paris-Saclay, 2022, p. 22 et s.

[38] COMMAILLE J., *Territoires de justice : une sociologie politique de la carte judiciaire*, PUF, Paris, 2000, p. 56.

raisonnable. C'est aussi une exigence propre à la justice pénale puisque l'article 5.3 de la Convention énonce que toute personne arrêtée ou détenue a le droit d'être jugée dans un délai raisonnable.

La Cour européenne des droits de l'homme (ci-après « Cour EDH ») veille « à ce que la justice ne soit pas rendue avec des retards propres à en compromettre l'efficacité et la crédibilité »[39]. Le caractère raisonnable de la durée d'une procédure s'apprécie de manière globale selon les circonstances de la cause[40] à l'aune des critères dégagés par la jurisprudence de la Cour, à savoir la complexité de l'affaire, le comportement du requérant et des autorités compétentes, ainsi que l'enjeu du litige pour l'intéressé[41]. En matière pénale, le calcul de ce délai a pour point de départ le moment où la personne fait initialement l'objet d'une « accusation » et s'achève avec la décision définitive rendue par les autorités nationales[42]. Quand bien même différentes phases de la procédure se seraient déroulées à un rythme acceptable, la durée totale des poursuites peut néanmoins, dans son appréciation globale, excéder un « délai raisonnable »[43]. La France a été condamnée à plusieurs reprises pour violation du délai raisonnable.

Pourtant, la chambre criminelle énonce que la méconnaissance du délai raisonnable et ses éventuelles conséquences sur les droits de la défense sont sans incidence sur la validité des procédures[44]. Elle justifie de la conventionnalité d'une telle position en relevant que la Cour EDH « n'a jamais estimé qu'une méconnaissance du droit d'être jugé dans un délai raisonnable constituait une

[39] CourEDH, 24 oct. 1989, H. c. France, n° 10073/82, § 58.
[40] CourEDH, 12 oct. 1992, Boddaert c. Belgique, n° 12919/87, § 36.
[41] CourEDH, 27 nov. 1991, Kemmache c. France, n° 12325/86, § 60.
[42] CourEDH, 27 févr. 1980, Deweer c. Belgique, n° 6903/75, § 46.
[43] CourEDH, 25 févr. 1993, Dobbertin c. France, n° 13089/87.
[44] Crim., 9 nov. 2022, n° 21-85.655.

atteinte aux droits de la défense » (§ 17) et elle juge effectifs au sens de l'article 13 CEDH les recours internes permettant soit une décision plus rapide soit une réparation appropriée pour les retards d'ores et déjà accusés. Elle énumère alors les dispositions légales qui permettent de remédier à un délai déraisonnable, soit *a priori,* pendant l'instruction par la saisine de la chambre de l'instruction ou la demande de clôture formulée auprès du juge d'instruction, soit *a posteriori* par l'engagement de la responsabilité de l'État pour fonctionnement défectueux du service public de la justice (selon l'article L. 141-1 du Code de l'organisation judiciaire). Si la méconnaissance du délai raisonnable « ne compromet pas en elle-même les droits de la défense » et ne fait pas obstacle à l'examen au fond de l'affaire, « ses éventuelles conséquences sur l'exercice de ces droits doivent en revanche être prises en compte au stade du jugement au fond » (§ 12). C'est ainsi que la chambre criminelle précise l'office du juge en présentant les différentes « voies de droit lui permettant de prendre la situation en compte » (§ 23) : théorie générale de la preuve pénale, statut de l'action publique, individualisation de la peine. Pour reprendre ce dernier principe, les critères d'individualisation de la peine[45] permettent de prendre en compte la durée excessive de la procédure, laquelle peut même entraîner une dispense de peine[46].

Si la méconnaissance du délai raisonnable ne nuit pas aux droits de la défense, nous pouvons douter du sens d'une peine prononcée plus de quinze ans après la première accusation du mis en cause. Pour autant, il n'est pas crucial d'accélérer la réponse pénale au stade de la phase décisoire. Puisque le contentieux de masse est traité au stade de la mise en mouvement de l'action publique, les affaires les

---

[45] *C. pén.*, art 132-1.
[46] *C. pén.*, art. 132-39.

plus complexes, qui demandent le plus de temps, se retrouvent à l'audience. Ce temps doit nécessairement être pris ; comme le disait la Tortue au Lièvre, « rien ne sert de courir ; il faut partir à point ».

Pour accélérer la réponse pénale sans pour autant remettre en cause la garantie des droits, il ne faut plus chercher à généraliser les dispositifs d'accélération déjà existants, ou à en créer de nouveaux, mais il faudrait plutôt accroître de manière drastique le budget et les effectifs de la justice.

L'EXECUTION IMMEDIATE DES DECISIONS DE JUSTICE

ALEXIS MAITRE-MILLAT
Doctorant à l'Université de Bordeaux

À la manière de Saint-Augustin qui nous partageait savamment ses réflexions sur l'insaisissabilité de la définition du temps, le législateur contemporain, au gré des réformes, essaie de saisir la temporalité du procès pour mieux la maîtriser, mais elle lui échappe sans cesse. Ces dernières années, nous connaissons ainsi des lois de simplification ou bien de programmation pour lesquelles l'exposé des motifs reste toujours très similaire puisqu'il s'agit de rationaliser ou bien d'accélérer le déroulé de la justice. Dans sa circulaire de politique pénale générale du 20 septembre 2022, le ministre de la Justice insistait sur la nécessité d'une réforme afin que *« les décisions rendues* (soient) *exécutées sans délai »*[1]. Deux précisions terminologiques s'imposent à titre liminaire. D'une part, il existe une pluralité de décisions pouvant être rendues au cours du procès pénal. Si l'on s'arrêtait à une définition générale de la décision de justice entendue comme le *« terme générique englobant tout jugement quel que soit son auteur (...) ou son objet »*[2], il faudrait livrer une analyse chronologique de la procédure pénale et de toutes les

[1] Circulaire de politique pénale générale du ministère de la justice du 20 septembre 2022, NOR JUSD2226952C, p.2.

[2] V° « Décision de justice », *Vocabulaire juridique*, sous la direction de CORNU G., Association Henri Capitant, coll. Quadrige, PUF, 11ème éd., 2016, page 302.

décisions pouvant être prises durant cette dernière et en apprécier les modalités d'exécution. La présente réflexion n'entend pas opérer un tel travail, et ce, pour deux raisons. Premièrement, cela nous amènerait à un inventaire partiel et sans grand intérêt des différentes décisions de justice et des règles d'exécution les encadrant. Deuxièmement, l'analyse de la circulaire précédemment évoquée permet d'opérer une délimitation. Les pouvoirs publics ne semblent en effet viser qu'un certain type de décisions : les décisions de condamnation, véritable « nerf de la guerre » des politiques pénales actuelles. Ces décisions contiennent les peines prononcées. Bien qu'il existe une certaine diversité de décisions de condamnation en raison de la présence des parties ou non, l'étude menée se concentrera principalement sur les jugements contradictoires, un détour par les jugements rendus par défaut ou itératif défaut étant occasionnellement opéré pour soutenir nos propos.

D'autre part, l'expression *« sans délai »* porte intrinsèquement une certaine ambiguïté. D'emblée, elle peut être entendue comme une absence de délai ou de temporalité définie et quantifiée. Il n'y aurait donc plus de temporalité imposée pour exécuter les décisions de justice. La référence au délai précédée de la préposition *« sans »* nierait toute implication temporelle. De toute évidence, cette acception ne saurait être retenue. Il relève du bon sens qu'une telle interprétation viderait de sa substance la réforme envisagée et l'écarterait de son objectif principal. Il conviendra alors de l'apprécier sous l'angle d'une accélération des délais d'exécution, voire d'une consécration de leur immédiateté. Une telle analyse consisterait à comprendre la volonté réformatrice comme l'édification d'un principe d'immédiateté de l'exécution des décisions de justice.

Derrière cet enjeu de rapidité se cache l'idée de crédibilité[3]. Le rapport du comité des États généraux de la justice affirme en ce sens que la *« crédibilité des peines alternatives à l'emprisonnement* (est liée) *à leur exécution diligente et effective »* [4]. Les peines alternatives à l'emprisonnement sont d'ailleurs explicitement visées et pour cause : le phénomène structurel de surpopulation carcérale est vecteur, pour ces courtes d'emprisonnement, d'inexécution ou d'exécution tardive. Dès lors, ces dernières années, les politiques pénales se concentrent sur l'exécution des courtes peines d'emprisonnement et de leurs alternatives. Ces préoccupations ne sont alors pas inédites. L'étude d'impact de la loi du 23 mars 2019[5] avait montré que le taux d'inexécution des courtes peines est passé de 11,5% en 2013 à 31,9% en 2016. L'actualité de cette question semble indiquer que les dispositions de la loi de 2019 dont le bloc peine est entré en vigueur le 24 mars 2020 n'a pas produit les effets espérés, ce que n'a pas manqué de soulever le rapport Sauvé du Comité des États généraux de la justice[6].

Si ces difficultés ne sont pas nouvelles, l'on comprend plus facilement le souhait de garantir une exécution sans délai des décisions de justice, et particulièrement celles par lesquelles sont prononcées de courtes peines d'emprisonnement, pour qu'elles soient immédiatement

---

[3] Circulaire de politique pénale générale du ministère de la justice du 20 septembre 2022, *op. cit.*, p. 10.
[4] Rapport du Comité des États généraux de la justice remis au ministre de la Justice le 8 juillet 2022 (octobre 2021-avril 2022), p. 203 ; V° également TZUTZUIANO C., *L'effectivité de la sanction pénale*, LGDJ, 2020, p.28.
[5] Étude d'impact annexé au projet de loi de programmation 2018-2022 et de réforme pour la justice, NOR : JUST1806695L/Bleue-1, 19 avril 2018, page 396.
[6] Rapport du comité des États généraux de la justice, *op. cit.,* p. 206.

exécutées. Mais le projet de loi de réforme soumis au Parlement au moment où ces lignes sont écrites est pour le moins laconique. Indirectement seulement, un seul article y est consacré. Sans doute l'ordonnance, qui aura pour mission de refondre le code de procédure pénale, apportera plus ample développement à ce sujet.

Sur la base de ces seuls éléments, devons-nous alors réellement voir, pour l'heure, un renversement des logiques à l'œuvre conduisant à l'instauration d'un principe d'immédiateté de l'exécution des décisions de justice ?

Assurément, il apparaît qu'aucun changement de fond dans les règles d'exécution n'est prévu ni même voulu. Derrière l'expression *« sans délai »*, qui suppose une certaine accélération souhaitée voire une immédiateté, nous ne devons pas projeter une généralisation d'un principe d'immédiateté qui viendrait être consacrée dans notre droit à l'instar de ce qui existe au Royaume-Uni[7]. Les règles de droit régissant l'exécution des décisions de justice n'ont pas, en l'état du projet de réforme[8], vocation à être modifiées. Dès lors, il n'est pas possible d'y voir un changement majeur. Une telle modification serait d'ailleurs tout au plus inutile puisque les règles en la matière sont suffisamment souples pour que, sans élever au rang des principes l'immédiateté dans l'exécution, les juridictions aient en pratique suffisamment de pouvoirs pour, le cas échéant, faire exécuter rapidement les décisions de justice. Alors comment devrions-nous interpréter ces ambitions réformatrices et notamment le contenu du projet de loi actuel ? Derrière l'idée d'immédiateté, l'on doit entendre

---

[7] V° en ce sens BONIS E., PELTIER V., *Droit de la peine*, LexisNexis, 3eme édition, 2019, p. 407 et s.

[8] Au moment de la rédaction de cette contribution, il s'agit du projet de loi tel que voté par le Sénat en cours d'examen à l'Assemblée nationale.

davantage celle d'effectivité et de certitude de l'exécution. C'est pour cela que les quelques modifications apportées par le projet de loi s'inscrivent avant tout dans le sillage de la loi de 2019. Il s'agit là de favoriser le recours aux dispositifs existants en renforçant les garanties matérielles d'exécution incitant au recours à des peines dites facilement exécutables, qui seront alors rapidement et réellement exécutées tout en évitant de suralimenter la surpopulation carcérale et le cercle vicieux qui en découle. L'objectif est donc de créer un cercle vertueux : la facilité amènerait à la rapidité et à la certitude dans l'exécution. Mais, une fois n'est pas coutume, une telle ambition pourrait ne produire que peu d'effets, car les propositions n'apportent à aucun moment un traitement aux causes de l'inexécution ou d'exécution tardive pour certaines décisions par lesquelles sont prononcées de courtes peines d'emprisonnement. L'on préfère à nouveau déformer les mécanismes juridiques existants pour leur faire produire des effets qui leur sont étrangers afin d'assurer l'exécution des décisions de justice et donc la peine qu'elles prononcent. L'exécution, coûte que coûte, des peines prononcées inspire les évolutions législatives.

Il s'agira d'évoquer, en premier lieu, qu'au regard de l'état du droit positif, une réforme d'ampleur consacrant le principe d'immédiateté de l'exécution des décisions de justice est inutile (I) et, en second lieu, que les modifications timides du projet de loi seront inopérantes au regard de l'objectif fixé puisqu'elles ne seront pas de nature à résoudre les difficultés retardant ou amenant à l'inexécution (II).

I- L'inutilité d'une réforme d'ampleur pour garantir une exécution immédiate des décisions de justice

L'absence de bouleversement des règles régissant l'exécution des décisions de condamnation est assez importante pour être soulevée puisqu'elle crée un paradoxe entre la volonté exprimée par la circulaire du 20 septembre 2022 et la refonte envisagée pour laquelle il est rappelé que les politiques pénales mises en œuvre s'inscrivent dans la lignée de ladite circulaire[9]. Cette absence est loin d'être inquiétante puisqu'une réforme n'est, en réalité, pas utile. Si l'exigence très générale d'exécution *« dans les meilleurs délais »* par le ministère public est prévue par la loi (A), une telle généralité n'est pas exclusive d'une forme d'immédiateté de l'exécution des peines permise par le recours à des mécanismes incitatifs (B).

A- L'exigence générale d'une exécution « *dans les meilleurs délais* » par le ministère public

La généralité posée par le droit positif par l'expression *« dans les meilleurs délais »* se conjugue à un délai d'attente pour exécuter la décision de justice. L'exigence d'une décision définitive (1) ne signifie pas pour autant un allongement des délais d'exécution eu égard au domaine étendu de l'exécution provisoire qui en autorise le contournement (2).

[9] Rapport annexé projet de loi d'orientation et de programmation du ministère de la justice 2023-2027, NOR : JUST2305124L/Bleue-1, 2 mai 2023, page 40, §306.

1) La nécessité d'une décision définitive

L'article 708 du code de procédure pénale dispose que la décision n'est exécutoire que lorsqu'elle est devenue définitive. Il instaure alors un délai qui peut s'analyser dans une certaine mesure comme un délai d'attente s'imposant aux autorités publiques[10]. L'ambition d'exécuter immédiatement entre alors en contradiction avec ce principe. L'article 707 du même code ajoute que *« sur décision ou sous le contrôle des autorités judiciaires, les peines prononcées par les juridictions pénales sont, sauf circonstances insurmontables, mises à exécution de façon effective et dans les meilleurs délais »*. En dehors de cette exigence très générale d'exécution dans les meilleurs délais, aucune obligation ne pèse, par principe, sur le ministère public pour qu'il exécute les peines dans un délai précis.

Tout au plus, la procédure de l'article 723-17 du code de procédure pénale permet à un condamné, un an après que la décision est devenue définitive, en cas d'inexécution par les autorités publiques, de saisir le juge de l'application des peines pour qu'il prononce une mesure d'aménagement ou de conversion pour qu'elle soit exécutée. Ce mécanisme témoigne de la volonté de rythmer l'exécution même si elle n'est pas immédiate, c'est-à-dire au moins un an à partir de la date où la condamnation est devenue définitive. Malgré tout, elle a le mérite de pallier l'impossibilité d'exécuter la peine telle que prononcée ou bien l'inertie des autorités de mise à exécution le cas échéant.

---

[10] Pour plus de détails en fonction de la nature de la décision de condamnation V° BONIS E., PELTIER V., *Droit de la peine*, LexisNexis, 3eme édition, 2019, p. 409-410.

Au fil des années, le législateur a cependant introduit pour les très courtes peines privatives de liberté un circuit dit « court » censé garantir une certaine célérité. Tel est l'objectif de la double convocation de l'article 474 du code de procédure pénale qui prévoit que le condamné, à l'issue de l'audience, se voit délivrer une convocation dans un délai de 30 jours devant le juge de l'application des peines et 45 jours devant le service pénitentiaire d'insertion et de probation.

Pour les peines aménagées *ab initio*, les articles 723-2 et 723-7-1 du code de procédure pénale prévoient des délais d'action pour les autorités publiques afin que les modalités soient fixées par le juge de l'application des peines dans un délai maximum de 4 mois à compter de la date à partir de laquelle la décision de condamnation est exécutoire ou dans un délai de 5 jours lorsque la décision est exécutoire par provision si la décision de la juridiction de jugement le prévoit avec placement ou maintien en détention.
L'exigence d'une exécution *« dans les meilleurs délais »* trouve pour ces peines une temporalité précise, par exception.

2) Un contournement favorable grâce au domaine étendu de l'exécution provisoire

L'exécution provisoire, définie comme le *« droit accordé par la loi ou par le juge à la partie bénéficiaire d'un jugement d'en poursuivre l'exécution malgré l'effet suspensif des voies de recours du délai ou des recours exercés »*[11], est un mécanisme juridique garantissant une

[11] V° « Exécution provisoire », *Vocabulaire juridique*, sous la direction de CORNU G., Association Henri Capitant, coll. Quadrige, PUF, 11ème éd., 2016, p. 432.

exécution immédiate des décisions de justice[12]. Ce principe est érigé dans notre droit pour faire échec aux stratégies dilatoires des parties qui exerceraient des voies de recours pour bénéficier de leur effet suspensif et retarder l'exécution.

Ce mécanisme permet alors de contourner le délai d'attente de l'article 708 du code de procédure pénale et donc d'exécuter immédiatement les peines prononcées.
En matière pénale, l'exécution provisoire est cependant confinée seulement à quelques hypothèses en raison du principe de la présomption d'innocence. À condition que la loi le permette, il revient à la juridiction de jugement, si elle le désire, de déclarer les peines des articles 131-4-1 à 131-11 et 132-25 à 132-70 du Code pénal exécutoires par provision[13]. Sont visées les différentes peines complémentaires, mais aussi les modalités d'exécution de la peine privative de liberté que ce soit par le biais d'un aménagement de peine ou bien d'un sursis probatoire[14]. Sa révocation peut aussi être déclarée exécutoire par provision en application de l'article 132-51 du même code.

Des dispositions extérieures à ce code prévoient également que certaines peines complémentaires peuvent être déclarées exécutoires par provision. C'est le cas pour la suspension, l'annulation et/ou interdiction du permis de conduire[15] ainsi que l'interdiction d'émettre des chèques[16], à condition que la juridiction de jugement le prévoie.

---

[12] LARGUIER A-M, *« L'exécution provisoire en matière pénale »*, RSC, 1980, n°3, p. 587.
[13] C. proc. pén. art. 471 alinéa 3.
[14] C. pén. art. 132-41 alinéa 2.
[15] C. route art. L.224-13.
[16] C. mon. fin. art. L.163-6 al. 2.

Ces dispositions constituent un panorama, sinon exhaustif, au moins représentatif du domaine de l'exécution provisoire en matière pénale. Il nous fait dire qu'une forme d'immédiateté est possible et donc douter de la pertinence d'une réforme sur ce point, si ce n'est pour forcer toujours plus le juge dans son office.

À cela s'ajoute l'existence des dispositifs incitatifs pour les magistrats et même le condamné.

B- Une réalité d'immédiateté ancrée par des dispositifs incitatifs

Même si l'article 708 du code de procédure pénale dispose que la décision est exécutoire quand elle est définitive, il apparaît qu'en réalité une grande majorité des peines est rapidement exécutée après leur prononcé que ce soit par l'existence de mécanismes incitatifs pour les magistrats (1) ou bien de ceux à destination du condamné pour qu'il s'exécute immédiatement (2).

1) Des dispositifs incitatifs pour les juridictions afin d'exécuter immédiatement

Les peines sont immédiatement ou presque exécutées lorsque la juridiction de jugement prononce un mandat de dépôt à l'issue de l'audience[17] ou mandat de dépôt à effet différé[18].

---

[17] C. proc. pén. art. 465.

[18] L'alinéa 4 de l'article 464-2 du code de procédure pénale prévoit que *« si l'emprisonnement est d'au moins six mois,* (le tribunal correctionnel peut) décerner *un mandat de dépôt à effet différé, en ordonnant que le condamné soit convoqué dans un délai qui ne saurait excéder un mois devant le procureur de la République afin que ce dernier fixe la date à laquelle il sera incarcéré dans un établissement pénitentiaire (...) ; ».*

Également, il n'est pas sursis à exécution lors de l'exercice des voies de recours puisque le condamné peut être maintenu en détention en application des articles 464-1[19] et 569[20] du code de procédure pénale. Les articles 471 alinéa 2 et 569 alinéa 4 prévoient que le maintien en détention même durant l'exercice des voies de recours prend fin *« aussitôt que la durée de la détention a atteint celle de la peine prononcée »*. Il ne fait alors aucun doute que des mécanismes garantissant une exécution immédiate de la peine prononcée prospèrent. Le recours aux mandats encourage cette immédiateté dans l'exécution.

Il ne faut pas malgré tout oublier que cette possibilité n'est pas générale et n'a pas vocation à l'être puisqu'elle suppose pour l'heure une décision spéciale et motivée selon les prescriptions des articles 464-1 et 464-2 précédemment évoqués, ce qui marque, en théorie, son ancrage dérogatoire.

2) Des dispositifs incitatifs pour le condamné à s'exécuter immédiatement

Des dispositifs incitatifs ont également été mis en place par le législateur pour garantir le paiement par le condamné de l'amende le plus tôt possible. L'article 707-2 du code de procédure pénale en son premier alinéa dispose qu'*« en matière correctionnelle ou de police, toute personne condamnée peut s'acquitter (…) du montant de l'amende à laquelle elle a été condamnée, dans un délai*

---

[19] *« A l'égard du prévenu détenu, le tribunal peut, en tout état de cause, par décision spéciale et motivée, lorsque les éléments de l'espèce justifient la prolongation d'une mesure particulière de sûreté, maintenir la détention. Pour l'exécution de cette décision, le mandat continue à produire ses effets. »*

[20] Concernant le pourvoi en cassation.

d'un mois à compter de la date à laquelle le jugement a été prononcé ». Lorsque le condamné s'exécute dans le délai d'un mois, son amende est diminuée de 20%, sans pouvoir excéder 1500 euros. Il s'agit d'un dispositif extrêmement incitatif à destination du condamné afin qu'il exécute le plus rapidement possible sa peine pécuniaire.

Au troisième alinéa de cet article, il est indiqué que « (d)*ans le cas où une voie de recours est exercée contre les dispositions pénales de la décision, il est procédé, sur demande de l'intéressé, à la restitution des sommes versées »*. L'exercice des voies de recours n'emporte pas la restitution de plein droit des sommes versées, celle-ci n'interviendra qu'à la demande du condamné. Cette précision participe à l'analyse selon laquelle une exécution immédiate de la peine est possible, fondée sur l'action volontaire du condamné en dépit des règles d'exécution classiques.

L'absence de volonté d'une réforme d'ampleur du droit positif ne doit pas être source d'inquiétude. Des modifications importantes du droit positif n'auraient pour finalité que de davantage lier le juge pénal dans son office. Si le principe d'immédiateté n'est pas consacré, la souplesse du droit positif, fut-il limité par l'exigence de décisions spéciales et motivées, autorise, si le besoin se fait naître, d'exécuter rapidement la décision de justice, voire immédiatement.

Les modifications timides envisagées par le projet de réforme interrogent cependant. Il ressort des différents exposés de motifs que l'inquiétude réside davantage dans les dispositifs matériels permettant l'exécution des peines, dont les carences retardent bien souvent l'exécution, que dans les lacunes éventuelles du droit positif. Pour faire échec à ces difficultés, la réforme s'inscrit dans les évolutions apportées par la loi du 23 mars 2019. Si des propositions montrent une prise en compte des besoins matériels pour améliorer l'exécution, les anciens réflexes sont encore à l'œuvre consistant à étendre ou modifier de nouveaux dispositifs, pourtant étrangers à leur ambition première, pour assurer une exécution la plus systématique possible de quelque façon que ce soit.

II- L'inefficacité d'une modification timorée pour favoriser l'exécution immédiate des décisions de justice

Malgré les interrogations du comité des États généraux de la justice sur l'efficacité du dispositif issu de la loi de 2019, le projet de loi voté au Sénat et débattu à l'Assemblée nationale au moment où ces lignes sont écrites se situe toujours dans son sillage allant vers un renfort des dispositifs précédemment consacrés afin de faciliter l'exécution des peines prononcées. La facilitation souhaitée devrait amener davantage de certitude dans l'exécution des décisions de condamnation. Pour cela, l'accent est mis à la fois sur le recours à des peines facilement exécutables (A) et sur un renforcement du cadre procédural du prononcé et d'exécution des décisions (B). Si dans une certaine mesure, les difficultés matérielles sont prises en considération, la modification de certains dispositifs tels que la conversion de peine aux fins d'exécution rapide ne doit pas nous faire oublier l'objectif suivant : exécuter pour exécuter, de quelque manière que ce soit. Les pouvoirs publics s'enorgueillissent en effet du taux d'exécution des peines[21]

[21] Pour les statistiques V° *Statistiques judiciaires, L'exécution et l'application des peines*, volet 12, édition 2022, p.126.

depuis l'apport de la loi de 2019, au mépris sans doute des fonctions et finalités de la peine.

A- Le recours à des peines dites « facilement exécutables »

Faciliter l'exécution de la décision de justice pour qu'elle s'exécute plus rapidement apparaît comme le leitmotiv de la réforme. Cette facilitation passe par un recours qui se veut de plus en plus incitatif pour les autorités judiciaires à des peines facilement exécutables, au prix d'un détournement des mécanismes que l'on prétend renforcer. À ce propos, le projet de loi propose un renfort des garanties matérielles d'exécution du travail d'intérêt général (1) ainsi qu'une extension du mécanisme de conversion de peine (2) vers des peines facilement exécutables, dont le travail d'intérêt général reste malgré tout le pivot.

1) Le renforcement des modalités d'exécution du travail d'intérêt général

Le travail d'intérêt général, dont on fête les 40 ans cette année, est une peine délictuelle consistant en *« un travail non rémunéré au profit d'une personne de droit public ou de droit privé chargé d'une mission de service public ou d'une association habilitée à mettre en œuvre des travaux d'intérêt général »*[22]. L'article 4 du projet de loi lui est quasi exclusivement consacré. Bien qu'il ne s'agisse pas d'étendre le champ d'application de cette peine, le projet souhaite rendre plus facilement et rapidement exécutable le travail d'intérêt général en renforçant ses garanties matérielles d'exécution.

---

[22] BONIS E., PELTIER V., *Droit de la peine*, LexisNexis, 3e édition, 2019, p.73.

Pour cela, il souhaite *« pérenniser »*[23] l'accueil des condamnés exécutant un travail d'intérêt général au profit du secteur privé et notamment des sociétés commerciales poursuivant un but d'utilité sociale. L'expérimentation jugée concluante aboutira donc à sa pérennisation à l'article 131-8 du Code pénal[24]. Quant aux sociétés à mission, la période d'expérimentation instituée en 2019 sera prorogée en raison du délai qui s'est révélé trop court pour s'assurer de leur efficacité au regard de leurs contraintes juridiques propres[25]. Cette pérennisation aux personnes morales de droit privé accréditées est déjà analysée comme permettant de *« réduire les délais de mise en œuvre et renforcer l'effectivité de cette peine »*[26] et de *« dynamiser les prescriptions judiciaires et réduire le délai d'exécution »*[27]. Ce renforcement des modalités d'exécution du travail d'intérêt général vise à en faire une peine crédible pour les juridictions puisque le dispositif entourant son exécution matérielle se diversifie par le renfort du secteur privé, ce qui garantit une exécution, sinon immédiate, au moins effective. Là où l'exécution de cette peine serait entravée par l'absence de place dans les structures publiques, la pérennisation de l'ouverture au secteur privé permet une diversification essentielle pour une exécution dans un délai raisonnable pour le condamné et la société au regard des

---

[23] Étude d'impact annexé au projet de loi d'orientation et de programmation du ministère de la justice 2023-2027, NOR : JUST2305124L/Bleue-1, 2 mai 2023, p.150.

[24] Article 4, I, 1° du projet de loi d'orientation et de programmation du ministère de la justice 2023-2027, p.22.

[25] Étude d'impact annexé au projet de loi d'orientation et de programmation du ministère de la justice 2023-2027, *op. cit.*

[26] SCHERER T., *Volet pénal du projet de loi Justice : pour la simplification et la modernisation de la procédure pénale*, Dalloz actualité, 23 mai 2023.

[27] Étude d'impact annexé au projet de loi d'orientation et de programmation du ministère de la justice 2023-2027, *op. cit.*,, p.147.

finalités et fonctions de la peine. Il s'agit là à nouveau de s'assurer de la crédibilité de la peine prononcée[28]. Sur ce volet, davantage matériel que juridique, ces apports nous apparaissent plutôt positifs.

2) L'extension de la conversion de peine

Toujours dans le sillage de la loi du 23 mars 2019[29], le projet actuel entend étendre le domaine de la conversion de peine. Cet outil juridique qui consiste pour le juge de l'application des peines à *« substituer une peine à une autre soit en cours d'exécution de la peine soit au moment même de sa mise à exécution par le ministère public »*[30] apparaît devenir de plus en plus essentiel. Essentiel, car il permet, au-delà de ses fonctions premières, de substituer une peine qui sera plus facilement exécutable, plus rapidement et réellement exécutée à une peine dont l'exécution serait tardive ou impossible pour diverses raisons et notamment la saturation carcérale.

Deux nouveautés sont ajoutées à l'article 747-1 du code de procédure pénale qui prévoira désormais que le juge de l'application des peines pourra, avant la mise à exécution ou pendant l'exécution d'une peine inférieure ou égale à six mois, remplacer une peine privative de liberté ferme *« y*

---

[28] Cela correspond aux vœux formulés par le rapport des États généraux de la justice.

[29] La loi du 23 mars 2019 avait ajouté un nouvel article 747-1 dans le code de procédure pénale prévoyant la conversion d'une peine d'emprisonnement avant la mise à exécution ou en cours d'exécution de celle-ci en détention à domicile sous surveillance électronique, travail d'intérêt général, jours-amende ou emprisonnement assorti d'un sursis probatoire renforcé.

[30] BONIS E., PELTIER V., *Droit de la peine*, *op. cit.*, p. 438.

compris si elle fait l'objet d'un aménagement »[31] (première nouveauté) notamment par un sursis probatoire contenant obligatoirement un travail d'intérêt général (seconde nouveauté). L'objectif est de faciliter le prononcé de cette peine comme substitutif à une peine d'emprisonnement même aménagée. Il nous semble important de rappeler que l'article 747-1 prévoit que la conversion est possible si elle *« paraît* (au juge de l'application des peines) *de nature à assurer la réinsertion du condamné et à prévenir sa récidive. »*. A la lecture de l'étude d'impact et de l'exposé des motifs du projet de loi, il n'est pas évident que cet objectif soit présent dans l'esprit des pouvoirs publics. Il est plutôt dans l'ambition du législateur de transformer une courte peine privative de liberté, même aménagée, difficilement exécutable au regard des flux carcéraux ou des saturations des structures d'accueil en une peine plus facilement exécutable pour garantir la certitude de son exécution.

L'on comprend plus que jamais que la conversion de peine sort de son terreau pour assurer coûte que coûte l'exécution de peine qui se révélerait impossible ou trop tardive dans leur forme initiale, et ce même si elles sont aménagées, sans tellement s'intéresser aux raisons pour lesquelles il y a des difficultés d'exécution, ni même sans savoir si la conversion remplira les finalités que l'article 747-1 lui assigne.

La concentration des pouvoirs publics vers le travail d'intérêt général, identifié directement ou indirectement par le biais des conversions de peine, comme une peine facilement exécutable ne doit pas faire oublier son régime qui impose au juge qui le prononce de s'assurer que le

---

[31] Article 4, II, 5°, a) du projet de loi d'orientation et de programmation du ministère de la justice 2023-2027, p.23.

condamné a bien renoncé à son droit de refuser le travail d'intérêt général[32], ce qui constitue une limite à cette stratégie mise en place pour faciliter l'exécution des peines délictuelles. Par ailleurs, en l'absence du condamné à l'audience[33], c'est au juge de l'application des peines que revient la charge de s'assurer que le condamné a bien renoncé audit refus. Cette obligation est, sans nul doute, un facteur de ralentissement dans l'exécution de cette peine, là où le législateur voit pourtant une opportunité de gagner en rapidité et donc en certitude.

Dans le même ordre d'idée, le projet de loi entend faciliter le prononcé de ces peines « facilement exécutables » en modifiant le cadre procédural de leur prononcé.

B- Une facilitation amorcée par un cadre procédural strictement maîtrisé

Cette maîtrise renforcée du cadre procédural est censée faciliter et améliorer la rapidité d'exécution des décisions de justice. Pour cela, une meilleure maîtrise du temps procédural est prévue (1) et des obligations liées au contenu de la décision de justice sont imposées (2).

1) Une maîtrise du temps de la procédure

La maîtrise du temps procédural participe ou, à tout le moins, tente de favoriser une meilleure exécution de la décision de justice, que l'on peut analyser dans son objectif comme moins dans son immédiateté que sa certitude. L'article 4 du projet de loi prévoit une modification de l'article 474 du code de procédure pénale qui disposera désormais que lorsqu'une juridiction de jugement aura

---

[32] BONIS E., PELTIER V., *Droit de la peine*, *op. cit.*, p. 441.
[33] C. pén. art. 131-8 alinéa 4.

prononcé un travail d'intérêt général, le condamné qui devra l'exécuter se verra délivrer une convocation à l'issue de l'audience devant le service pénitentiaire d'insertion et de probation dans un délai de 45 jours. L'étude d'impact du projet de loi met l'accent sur l'intégration de cette peine dans *« le circuit court de mise en œuvre des peines »*, ce délai permettant *« de donner au travail d'intérêt général sa pleine effectivité dès son prononcé »*[34].

Il donne là un véritable rythme dans l'exécution afin d'éviter l'inertie dans les mises à exécution, facteur d'exécution tardive des décisions de justice. Il s'agit là moins d'une immédiateté qu'une certitude.
Il restera à s'assurer du côté des services d'insertion et de probation que ce délai puisse être respecté au regard de leurs moyens matériels et humains. Ces réformes sont censées s'accompagner d'un véritable soutien et d'un réinvestissement des services pénitentiaires d'insertion et de probation au sein des juridictions, suivant les préconisations du rapport des États généraux[35].

En outre, le projet propose une modification de l'article 712-6 du code de procédure pénale[36] pour étendre l'exception faite au principe du contradictoire. Désormais, lorsque le juge de l'application des peines se prononcera par voie de jugement sur une conversion de peine, en cas d'accord du condamné et du ministère public, le principe du contradictoire pourra être écarté. Il s'agit de gagner en efficacité dans les hypothèses où les parties seraient d'accord sur la conversion suggérée et que l'ouverture des

[34] Étude d'impact annexé au projet de loi d'orientation et de programmation du ministère de la justice 2023-2027, *op. cit.*, p.150.
[35] Rapport du comité des États généraux de la justice, *op. cit.*, p. 208.
[36] Article. 4, II, 3°, du projet de loi d'orientation et de programmation du ministère de la justice 2023-2027, p.23.

débats serait une source de ralentissement inutile de la procédure et de l'exécution de la peine convertie.

Si le but est de donner un rythme plus soutenu à l'exécution des décisions de justice et de *« renforcer la souplesse de la procédure pénale applicable »*[37], il ne nous semble pas pertinent que cela se fasse au détriment des garanties procédurales. Si cette mise à l'écart suppose l'accord des parties, cette modification invite à une perception négative des garanties du procès équitable puisqu'en l'occurrence elles apparaissent comme un frein à l'exécution rapide des peines. La célérité d'exécution recherchée ne semble pas se coordonner avec une amélioration de la garantie des droits, mais plutôt leur réduction.

2) Les obligations liées au contenu de la décision de justice

En outre, le projet de loi prévoit une modification des articles 131-8 et 131-9 du Code pénal afin d'obliger la juridiction de jugement à prévoir le quantum de l'emprisonnement ou de l'amende encourus en cas d'inexécution de la peine de travail d'intérêt général là où aujourd'hui le droit positif n'énonce qu'une simple faculté. En cas de défaillance du condamné, il n'y aura pas besoin d'un délai supplémentaire pour déterminer les peines applicables si la juridiction correctionnelle ne les avait pas prévues initialement pour que la décision de justice soit pleinement mise à exécution ou au moins en partie par le juge de l'application des peines. Cette contrainte faite dans l'exercice de l'office du juge vise explicitement à *« systématiser le prononcé d'une peine encourue en cas*

[37] Étude d'impact annexé au projet de loi d'orientation et de programmation du ministère de la justice 2023-2027, *op. cit.*, p.151.

d'inexécution »[38]. L'objectif de crédibilité de la peine prononcée et exécutée reste le leitmotiv de cet ajout.

Si le projet entend encourager le prononcé de peines facilement exécutables ou de renforcer le cadre procédural pour en rythmer l'exécution, les causes réelles d'inexécution ou d'exécution dans un délai raisonnable sont toujours occultées. Plus encore, l'absence de ligne directrice dans les modifications du projet de loi fait douter de leur nécessité. Faire du travail d'intérêt général une peine alternative à l'emprisonnement pivot ne nous apparaît pas pertinent en raison des limites lors de son prononcé s'il s'agit d'exécuter coûte que coûte la décision de justice, même au risque de détourner de sa fonction les conversions de peine, en l'absence de réflexion d'ensemble sur les peines délictuelles.

---

[38] Étude d'impact annexé au projet de loi d'orientation et de programmation du ministère de la justice 2023-2027, *op. cit.,* p.149.

RAPPORT DE SYNTHESE

ÉVELYNE BONIS
Professeur agrégée de droit privé, Université de Bordeaux

1. Un accord unanime sur le besoin - La refonte du Code de procédure pénale semble être devenue un impératif politique. Du ministre de la Justice[1] en passant par le Président de la République[2], tous, de façon unanime[3], s'accordent sur le besoin et voient d'un bon œil une refonte. Au-delà de cette nécessité politique, c'est bien une nécessité pour tout un chacun qui a été relevée lors des États généraux de la Justice.[4] Le citoyen, tout d'abord, aspire à plus de clarté et de lisibilité des textes ce qui est important pour tout code mais encore plus pour le Code de procédure pénale dont on dit qu'il est « le code des honnêtes gens » par opposition au Code pénal qui serait, lui, le code des

[1] E. Dupont-Moretti, présentation du plan d'action issu des États généraux de la justice, Paris, 5 janvier 2023. Déjà auparavant, l'annonce de cette refonte dans une circulaire de politique pénale générale publiée le 20 septembre 2022: NOR : JUSD2226952C : BOMJ, 22 sept. 2022. V. L. Garnerie, Refonte du Code de procédure pénale : un chantier à moyen terme : Gaz. Pal. 27 sept. 2022, n° GPL44017, p. 5.

[2] Refonte du Code de procédure pénale : le chantier lancé « dans les prochains jours » selon le président de la République : Gaz. Pal. 27 octobre 2022, Actu pro. Auparavant déjà, Emmanuel Macron annonce une réécriture du Code de procédure pénale : Gaz. Pal. 14 sept. 2021, Actu pro.

[3] V. F. Safi, Propos introductifs, v. *supra*. p. 7 et s.

[4] V. aussi au sujet de ces pistes, le rapport des États généraux de la justice et en synthèse, H. Matsopoulou, Une réécriture du Code de procédure pénale ? : JCP sept 2022, Libres propos, 1012.

malfaiteurs[5]. L'universitaire aussi, qui a du mal parfois à ne pas perdre ses étudiants dans l'exposé des exceptions aux exceptions, appelle régulièrement à une simplification ou peine à voir de la simplification là où l'objectif pourtant assigné à une réforme est tel[6]. Les praticiens enfin, lassés de tant de réformes en si peu de temps et confrontés à une massification des demandes, lancent de nombreux appels à simplifier la procédure pénale par une fusion des cadres d'enquête, une simplification du statut de témoin assisté mais aussi une simplification du régime des nullités ou de l'expertise pour faire cesser l'insécurité juridique née de réformes paradoxales[7].

2. Un bilan partagé des causes - Le Code de procédure pénale n'est pourtant pas si ancien - 1958 - mais en l'espace de seulement quelques décennies, il est devenu d'une lourdeur excessive. De 800 articles en 1959, il est passé à plus de 2000 aujourd'hui[8]. Il est surtout d'un maniement bien délicat avec un usage abusif de la définition par renvoi et des articles toujours plus longs et plus techniques. La première question que l'on peut se poser est celle de savoir comment en est-on arrivé là. Plusieurs facteurs ont été abordés au cours de la journée qui ont contribué à cette situation. Tout d'abord, on ne peut ignorer l'impact du droit européen et l'intégration d'exigences découlant de diverses directives européennes. A été évoqué l'apport ou le trouble né de la jurisprudence européenne à propos des tiers à la

---

[5] P. Conte et P. Maistre du Chambon, Procédure pénale, A. Colin, n°21.
[6] La simplification de la procédure pénale. Derrière la promesse, quelle réalité juridique ? ss. dir. sc. M. Touillier et V. Sizaire, Dalloz, coll. Les sens du droit, 2022; La simplification de la procédure pénale, ss. dir. Y. Carpentier et A. Giudicelli, Actes de colloque, PUAM, 2019.
[7] Not. en ce sens, les avis de divers professionnels in Quinquennat Macron : quelle évolution de la justice pénale: Dalloz, Interview, 6 avril 2022.
[8] V. F. Safi, Propos introductifs, p.7.

procédure[9] ou à propos du statut du parquet[10]. On aurait tout aussi bien pu penser à l'ajout des articles 803 et suivants au Code de procédure pénale relatifs aux hypothèses de retenues policières ou encore au recours créé en cas de détention dans des conditions contraires à la dignité de la personne[11]. Toutes ces dispositions montrent à la fois l'évolution de la norme interne sous l'influence du droit européen et la gêne évidente du législateur français à insérer ces nouveautés dans le plan du Code de procédure pénale. En raison de leur applicabilité à divers stades de la procédure, elles trouvent en effet difficilement leur place dans le plan actuel du code et se trouvent ainsi reléguées à sa toute fin dans un chapitre intitulé : « Dispositions générales » dans un titre portant sur les frais de justice !

On ne peut ensuite ignorer l'impact des décisions du Conseil constitutionnel, en particulier des questions prioritaires de constitutionnalité, très nombreuses en matière pénale qui ne cessent de remodeler le procès au nom de la protection des droits des justiciables[12], comme l'atteste par exemple le récent contentieux relatif à la notification du droit de se taire à tous les stades de la procédure et par toutes autorités[13].

Enfin et là est peut-être le plus regrettable, l'accélération des réformes surtout depuis une dizaine d'années et la multiplication des règles dérogatoires est source de complexité moins en raison de l'existence de ces régimes que de la façon dont ils ont été construits. Ils présentent en effet trois vices majeurs. En premier lieu, ils se sont

---

[9] A. Costes, La place des tiers, *supra* p.135 et s.

[10] G. Laugel, Les attributions et articulation des autorités de l'enquête, *supra* p.65 et s.

[11] C. pr. pén., art. 803-8.

[12] P. Almeida Veloso et C. Tallon-Espigares, Le choix du modèle procédural, *supra* p.97 et s.

[13] V. l'ajout, à la suite de ces diverses décisions, d'un alinéa à l'article préliminaire du C. pr. pén. par la loi n°2021-1729 du 22 décembre 2021.

construits par l'empilement de dispositions insérées, année après année dans le titre IV du code relatif à « *quelques procédures particulières* »[14]. Pêle-mêle, au sein de toutes ces procédures particulières, la procédure en matière de criminalité et de délinquance organisées a servi de modèle à bien d'autres. Or, cette méthode par transposition conduit à des renvois incessants d'article à article. Ainsi, pour connaître les règles régissant par exemple les actes d'investigation en matière économique et financière, il faut se reporter sans cesse aux articles 706-80 et suivants traitant de la criminalité organisée au prix de multiples exceptions ou dérogations. Cette façon de faire est source d'illisibilité du code et l'on pourrait multiplier les exemples[15]. En deuxième lieu, l'articulation du droit spécial par rapport au droit commun est devenue au gré du temps de plus en plus floue. Ainsi, certains moyens spéciaux d'investigation spéciaux comme l'enquête sous pseudonyme, un temps régi par le droit spécial, ont basculé dans le droit commun de la procédure[16]. Ces glissements du droit spécial vers le droit commun obligent ainsi à rouvrir le débat de la fusion de cadres d'enquête, une question portant déjà largement étudiée notamment lors de travaux parlementaires et commissions diverses[17], pour ne pas la limiter aux seules enquêtes de flagrance et enquêtes préliminaires et adjoindre les enquêtes spéciales, notamment celle décrite pour la

---

[14] Pour cette critique, v. B. Drevet, Généralisation ou spécialisation des moyens d'enquête ? *supra* p.43 et s.

[15] Ainsi, pour connaitre la composition des cours d'assises spéciales compétentes en matière de terrorisme, il faut se reporter aux articles organisant le jugement des infractions militaires commises en temps de paix. Tout ceci n'est guère simple et surtout atteste d'un code désuet.

[16] C. pr. pén., art. 230-46. A propos de cette critique, v. B. Drevet, Généralisation ou spécialisation des moyens d'enquête ? *supra* p.47 et s.

[17] V. sur ces multiples travaux depuis la commission Delmas-Marty, v. T. David, L'unification des cadres d'enquête ? *supra* p.21 et s.

criminalité organisée aux articles 706-80 et suivants du Code de procédure pénale[18]. En dernier lieu, force est de constater que les régimes spéciaux sont devenus, en eux-mêmes, trop complexes en raison de la technique utilisée : le recours à des listes de qualifications pénales[19]. Au gré des réformes, ces listes ne cessent de s'allonger avec une perte évidente de cohérence d'ensemble. Ainsi et pour ne prendre que cet exemple, la loi d'orientation et de programmation du ministère de l'Intérieur (LOPMI) du 24 janvier 2023 est venue ajouter à la déjà fort longue liste de l'article 706-73, des infractions qui n'ont rien à voir avec la criminalité organisée entendue au sens d'infractions commises de concert par plusieurs personnes organisées attestant l'existence d'un trafic ou d'un réseau criminel. La référence à la bande organisée était déjà en pratique problématique, la référence au concours crée encore davantage d'incohérences et nuit à la définition de la définition de la criminalité organisée.
Pour toutes ces raisons, le code n'est plus lisible. Il ne renseigne plus clairement tout un chacun sur ses droits et obligations. Il comporte même des mensonges laissant par exemple croire que le procureur de la République enquête à charge et à décharge[20].

3. Une incertitude sur la méthode à adopter - Si le besoin est réel et l'accord unanime, la méthode reste à définir. Bien des questions demeurent en suspens. Au plan subjectif, s'agit-il d'opérer une réflexion globale en conviant à ce vaste chantier tous les acteurs de la procédure pénale ou bien certains seulement et dans ce cas, lesquels [21] ? Au plan

---

[18] V. Barbara Drevet, *op. cit.*

[19] Pour la criminalité et la délinquance organisée, C. pr. pén., art. 706-73, 706-73-1 et 706-74.

[20] F. Safi, *op. cit.*

[21] Le plan d'action du Gouvernement présenté le 5 janvier 2023 fait état, au titre de la méthode de deux vecteurs : un comité scientifique de

objectif, faut-il recodifier à droit constant comme l'annonce le Gouvernement, opérer une énième réforme au risque de complexifier encore davantage là où l'objectif est de simplifier ou seulement réaliser une refonte ? L'importance du choix des mots apparaît ainsi. Une refonte s'entend comme une action de refaire pour améliorer. Elle est ainsi une modification de pure forme, un nouvel agencement des dispositions. Est-ce vraiment ce dont on a besoin le Code de procédure pénale ? N'a-t-il pas besoin de bien plus à savoir d'une véritablement réécriture de fond, bref d'une réforme ? Les deux semblent nécessaires mais elles ne peuvent être menées de front, dans un même temps.

Nos gouvernants ne savent pas trop quelle méthode retenir. L'objectif annoncé est contradictoire. D'un côté, il est question de codification à droit constant donc plutôt d'une refonte de pure forme, d'une simple modernisation laquelle n'empêche pas une simplification, une clarification pour une meilleure lisibilité du code. D'un autre, des pistes sont évoquées qui vont au-delà d'une simple mise en ordre des choses : réforme du statut de témoin assisté, modification du régime des perquisitions de droit commun en matière criminelle, unification des cadres d'enquête ... Cela dit, la journée a montré que si l'on s'engage dans cette voie plus ambitieuse, bien d'autres sujets non évoqués dans les travaux parlementaires ni sollicités dans le rapport sur les États généraux de la Justice mériteraient tout autant d'être abordés : la place des tiers[22], le statut de suspect[23], l'exécution des décisions de justice[24]... L'objectif ne semble

---

suivi des travaux composé de professionnels du droit de tous horizons et une assemblée de parlementaires représentants des deux assemblées chargée de suivre et valider les travaux et de préparer le débat parlementaire nécessaire à la ratification de l'ordonnance.

[22] A. Costes, *op. cit.*

[23] C. Buchard, Le statut du suspect durant l'enquête, *supra* p.75 et s.

[24] A. Maître Millat, L'exécution immédiate des décisions de justice, *supra* p.175 et s.

pas clair sans doute car la préoccupation première n'est pas le code ou le justiciable mais la volonté d'une justice rapide, d'une gestion toujours plus managériale de la justice. L'ampleur de la tâche est sans doute bien trop minimisée. Le temps imparti est bien trop court pour une réforme de qualité.

4. Une incertitude sur le but poursuivi - La cause de ces incertitudes politiques est sans doute à rechercher dans le but poursuivi. La finalité première de cette refonte est la simplification et la modernisation. On en prendra pour preuve l'outil envisagé. Après diverses tentatives via des lois, on veut user cette fois de la technique de la codification. Or, la recodification présente des risques[25], surtout quand elle est opérée par voie d'ordonnance car la méthode peut paraître voire être anti-démocratique[26], même si elle est de plus en plus usitée[27]. Si recodifier signifie seulement simplifier, on court le risque d'assister à une transfiguration de la procédure pénale car au nom de l'accélération de la réponse pénale, on porte atteinte à des droits et libertés fondamentales. Comment ignorer les risques inhérents par exemple à une généralisation des perquisitions de nuit ?

5. Les préconisations d'une refonte - C'est conscients des difficultés de ce chantier mais aussi convaincus du besoin d'un nouveau code que les contributeurs ont laissé de côté l'idée suggérée par le Professeur F. Safi au nom d'une meilleure protection des droits, d'une « *procédure pénale sans code* ». Ils se sont en effet tous, attachés à montrer

---

[25] F. Safi, *op. cit.*

[26] F. Fourment, « Refonte du Code de procédure pénale ou réforme de la procédure pénale ? », *Gaz. Pal.*, 2023, n°16, éditorial, p. 38.

[27] V. déjà en ce sens le recours à un article d'habilitation autorisant à écrire par voie d'ordonnance le code pénitentiaire ou le Code de la justice pénale des mineurs.

qu'une véritable refonte était nécessaire et ne pourrait consister en une simple modification de pure forme. Surtout, au-delà de simples incantations, ils ont fait œuvre créatrice en avançant des pistes pour cette refonte puisqu'ils ont formulé deux moyens de combiner à la fois une simplification de la procédure pénale[28] et une amélioration de la garantie des droits[29]. Il faut d'une part définir pour clarifier (I) et d'autre part, réorganiser pour simplifier (II) pour correctement opérer cette refonte du Code de procédure pénale.

I- Définir pour clarifier

6. A l'heure de reconstruire le Code de procédure pénale, pourquoi ne pas se tourner vers le Code de procédure civile dont on dit depuis maintenant près de 50 ans qu'il est un code bien fait, fort de définitions, posant des principes, définissant des notions[30]. Alors même que la matière a fait l'objet de multiples réformes ces dernières années avec l'essor des modes alternatifs de règlements des litiges et la réforme de la procédure d'appel, il connaît de pans entiers d'une grande stabilité.
A l'inverse, le Code de procédure pénale ne comporte qu'assez peu de définitions ou plutôt ne comporte pas les définitions des termes les plus essentiels [31]. Même la définition de l'action publique demeure assez énigmatique. L'article 1er se borne en effet à en donner l'objet à savoir une action pour l'application des peines. Le code de 1958 s'est en effet davantage attaché à organiser des prérogatives et à articuler les actes afin de parvenir à la décision sur la

---

[28] Thème de la matinée.
[29] Thème de l'après-midi.
[30] Renvoi à la suggestion faite en ce sens par T. David, *op. cit.* p.41. V. aussi A. Costes, *op. cit.* p.135.
[31] V. toutefois la définition des mandats : art. 122.

culpabilité. Il a adopté une vision essentiellement dynamique de la procédure entendue comme un enchaînement d'actes sans donner la définition de notions phares. Or, avec la complexification de la matière sous l'impact notamment du droit européen, ce silence fait désormais défaut. Ainsi, pourquoi ne pas profiter de cette refonte pour définir de façon claire les acteurs du procès pénal (A), et revaloriser les principes essentiels régissant le procès pénal (B).

A- Définir les acteurs du procès pénal

7. Définir les acteurs du procès pénal est un passage obligé qui conduira à créer des textes et ne pourra passer par une simple codification à droit constant de la matière. Il semble en effet aujourd'hui devenu nécessaire de mieux comprendre qui sont les parties et les tiers à la procédure mais aussi quels sont les magistrats en charge de la procédure.

8. Les parties et les tiers - Le Code de procédure pénale n'a pas, pour l'heure, pris position sur la place que l'on entend donner à certaines personnes : tiers à la procédure ou partie. Cette situation est source de multiples incohérences. Ainsi, le témoin assisté, au motif qu'il n'est pas partie à la procédure, ne dispose pas du droit de se pourvoir en cassation contre certaines décisions[32]. Pourtant, dans le même temps, et comme peut le faire une partie, il peut soulever des requêtes en nullité[33]… Il en est de même du tiers propriétaire de biens susceptibles d'être confisqués. Alors même qu'en qualité de tiers, il n'est, à l'évidence, pas

---

[32] En ce sens, C. Buchard, *op. cit.*

[33] C. pr. pén., art. 170.

partie à la procédure, il bénéficie, selon la jurisprudence, du droit de relever appel de certaines décisions[34].

Ces incohérences ne sauraient perdurer. Soit ils sont des parties à la procédure, soit ils sont des tiers à la procédure, mais on ne peut durablement se maintenir dans cet entre-deux. Peut-être faut-il aller au bout de la logique et parler de tiers intervenants, de tiers intéressés à la procédure si l'on fait le choix de refuser à certains la qualité de parties, une qualité qu'il conviendrait de reconnaître au témoin assisté au lieu de se borner, comme le fait le projet de loi à revaloriser le statut de témoin assisté par l'élargissement de son droit d'appel, par l'octroi de prérogatives en matière d'expertise ou encore par l'ouverture du mécanisme de la passerelle du statut de personne mise en examen vers le statut de témoin assisté[35].

Dans le même ordre d'idée, au stade de l'enquête, il conviendra de définir la notion de suspect. Mme Buchard a ainsi pu proposer l'écriture de textes pour que ce statut de suspect soit inscrit dans le Code[36].

L'adoption de dispositions générales dans le code sur le degré d'implication de la personne dans la commission des faits d'une part et sur la contrainte d'autre part, permettrait de clarifier les choses. A ce niveau, il ne semble pas suffisant de s'en tenir à revoir des dispositions techniques du code comme l'envisage le projet en favorisant des passerelles entre ces statuts de témoin assisté et de personne mise en examen par la suppression de la condition temporelle qui existe à l'article 80-1-1 du code. De six mois prévus à l'heure actuelle avant qu'une personne mise en examen puisque demander un examen de sa situation afin de basculer vers le statut de témoin assisté, le projet réduit le délai à dix jours. Cette modification ne risque-t-elle pas

[34] A. Costes, *op. cit.*

[35] C. pr. pén., art. 80-1-1.

[36] C. Buchard, *op. cit.*

de conduire à une multiplication des demandes de permutation de statut alors que le dossier n'a guère évolué ? Ne faudrait-il pas faire confiance au magistrat afin qu'il puisse user plus souplement de ces possibilités de modification de statut en fonction de l'évolution du dossier qu'il connaît.

9. Les magistrats - Réviser le code ne peut se faire sans prendre position sur la situation de deux magistrats : le procureur de la République et le juge des libertés et de la détention.

Pour le magistrat du parquet, il sera difficile de faire l'économie d'une clarification du statut du procureur de la République et de son rôle[37]. Les discussions ont montré que derrière cette définition du rôle précis du parquet, des enjeux importants se dessinent. Ainsi, et parce qu'il n'est pas souhaitable de renoncer au principe de l'opportunité des poursuites, il convient de rester prudent sur le rôle que l'on entend donner au procureur de la République à l'occasion de la réorientation des poursuites à la suite d'un renvoi à mieux se pourvoir dans le cadre d'une procédure de comparution immédiate, de comparution à effet différé ou de convocation par procès-verbal. Le projet prévoit en effet qu'il puisse, à sa convenance, choisir d'ouvrir ou non une information judiciaire au nom du principe de l'opportunité des poursuites[38].

Pour le magistrat du siège, une position doit être prise sur son rôle et son appellation. Cette question trouve en réalité sa cause dans une volonté souvent exprimée de supprimer le juge d'instruction pour le remplacer par un juge de l'enquête et des libertés. Au lieu de nos actuels juge d'instruction et juge de libertés et de la détention (JLD),

---

[37] G. Laugel, Attributions et articulation des autorités de l'enquête, *supra* p.65 et s.

[38] A ce sujet, J. Dagon, L'accélération de la réponse pénale, *supra* p.155 et s.

prendrait donc place à un juge unique : le juge de l'enquête et des libertés. Ce juge du siège, proche de notre actuel JLD aurait des attributions rénovées, une activité enrichie. M. David a toutefois mis en garde[39]. Une telle proposition est séduisante. Elle pourrait être un moyen de renforcer le contrôle du juge sur les actes d'enquête. Elle pourrait même être pertinente au regard de la conduite des enquêtes. Cependant, en pratique, elle apparaît peu réaliste, le JLD étant déjà bien débordé. La soutenabilité de cette idée en termes de faisabilité humaine et économique risque d'être compromise. En outre, si d'aventure le choix d'un juge de l'enquête et des libertés devait être fait, encore faudrait-il préciser son rôle exact : juge de la conduite de l'enquête ou juge du contrôle de l'enquête ? Le risque d'une dérive vers un système à l'américaine avec des bureaux des enquêtes composés d'avocats et d'enquêteurs privés, peut être redouté[40]. Derrière ce changement d'appellation pourraient se dissimuler des changements plus radicaux sur l'équilibre de la procédure pénale et notamment sur la charge de la preuve qui pèserait sur les parties privées et non plus sur le magistrat. En arrière-plan, ce sont donc déjà des principes de la procédure pénale qui méritent d'être consolidés.

B- Revaloriser les principes essentiels du procès pénal

10. La présomption d'innocence - La refonte de la procédure pénale ne devrait pas conduire à une remise en cause générale des équilibres trouvés à ce jour entre modèle accusatoire et modèle inquisitoire[41]. Une codification à droit constant devrait permettre de reprendre des principes

---

[39] T. David, L'unification des cadres d'enquête ? *supra* p.36.

[40] *Ibid.*

[41] P. Almeida Veloso et C. Tallon-Espigares, Le choix du modèle procédural, *supra* p.97 et s.

tel celui de l'opportunité des poursuites, la présomption d'innocence ou encore ceux régissant les preuves. Tout au plus, faudra-t-il veiller, par le choix du vocable adéquat, à l'effectivité de ces principes et spécialement de la présomption d'innocence[42], par exemple en bannissant les termes de « partie » alors que les poursuites ne sont pas encore engagées, de « victime » alors que l'infraction n'est pas établie, ou encore « d'infraction » alors qu'il n'y a pas eu encore de déclaration de culpabilité pour employer, par exemple, au stade de l'enquête, l'expression de « *faits susceptibles de recevoir une qualification pénale* ».
Toutefois, et sans tomber dans les travers d'un populisme pénal[43], cette codification à droit constant ne saurait suffire. Des réflexions de fond doivent être engagées sur la place de la victime et la célérité de la justice.

11. La légalité – La légalité criminelle mériterait, elle aussi, d'être consolidée. Ainsi, Mme Drevet a suggéré, pour respecter ce principe, que l'on profite de la refonte du code pour légiférer sur les actes non réglementés et pourtant validés par une jurisprudence constante telle la consultation du téléphone portable en garde à vue ou encore la surveillance sur la voie publique[44]. Le législateur a en effet récemment ajouté des textes venant régir le recours aux drones[45] mais il n'a pas légiféré sur le recours dans l'espace public à une simple caméra ou un appareil type téléphone portable.

---

[42] V déjà en ce sens le rapport : la présomption d'innocence, un défi pour un Etat de droit, Groupe de travail présidé par Mme E. Guigou, oct. 2021. https://www.justice.gouv.fr/rapport-presomption-dinnocence
[43] F. Dolou, La place de la victime, *supra* p.119.
[44] B. Drevet, *op. cit.* p.53-56.
[45] C. pr. pén., art. 230-47 et s. issus de la loi du 24 janvier 2022.

12. L'effectivité de la décision de justice - On ne cesse de vouloir accélérer la réponse pénale mais faut-il faire de l'accélération une fin en soi ? La question n'est-elle pas davantage celle de savoir pourquoi on souhaite une telle accélération ? La question de la célérité est peu envisagée hormis dans une logique gestionnaire ou par référence à la crainte d'une condamnation par la CEDH au nom d'atteinte au droit à un jugement dans un délai raisonnable au sens de l'article 6 de la CEDH[46]. Ne faudrait-il pas aussi se poser plus globalement la question par référence à l'objectif du droit pénal, à savoir faire connaître rapidement à la personne que son comportement est contraire à la loi pénale afin d'éviter la réitération des faits. La question n'est pas tant de savoir s'il faut augmenter ou diminuer les délais[47], mais de savoir le sens que l'on entend donner à la décision.

Ainsi, au stade de la mise à exécution de la décision, derrière l'enjeu de rapidité, c'est un enjeu de crédibilité des peines qui est posé. La question n'est pas nouvelle. Elle était déjà présente dans l'étude d'impact de la LPJ. Faut-il aller plus loin par exemple en posant une exigence d'immédiateté dans l'exécution de la décision ? De la journée, il semble que le *statu quo* s'impose ici. Certes, l'article 707 du code de borne à prévoir une mise à exécution des peines de façon effective et dans les meilleurs délais mais M. Maître-Millat a montré que bien d'autres mécanismes existent et permettent une mise à exécution immédiate lorsqu'elle s'avère nécessaire : système de la double convocation pour les courtes peines devant le JAP

---

[46] Sur cette exigence d'accélération de la réponse pénale confrontée aux droits des parties et spécialement au droit à être jugé dans un délai raisonnable : J. Dagon, L'accélération de la réponse pénale, *supra*, p.171-172 et s.

[47] CE, *Avis sur projet de loi d'orientation et de programmation du ministère de la justice 2023-2027*, 5 mai 2023, n°4068/55. V. à ce sujet, J. Dagon, L'accélération de la réponse pénale, *supra*, p.155 et s.

et le SPIP, large champ de l'exécution provisoire des décisions de justice[48]. En matière d'exécution des peines, définir des principes pourrait ainsi se faire par un simple rappel de la mise à exécution effective sans bouleverser une matière déjà largement revisitée par la LPJ, une loi qui commence tout juste à être intégrée par les magistrats dans leur pratique alors que la plupart de ses dispositions sont en vigueur depuis le 24 mars 2020.

13. La place de la victime - La place de la victime dans le procès pénal a considérablement évolué depuis plusieurs années. La Cour de cassation sur le fondement des articles 2 et 3 du code a considérablement élargi le champ des personnes ayant qualité pour agir en justice devant le juge pénal[49]. Elle a ouvert l'action à des personnes qui n'ont pas directement subi le dommage résultant de l'infraction. Cependant, Mme Dolou s'est interrogée sur le point de savoir si cet élargissement ne s'est pas fait au détriment des principes directeurs de la matière pénale[50]. Les textes actuels consacrés à la constitution de partie civile sont dépassés. Peut-être le temps est-il venu de prendre position et de proposer une réécriture des articles 2 et 3 du code soit en ouvrant largement les portes du procès pénal au risque de la dénaturer, soit, au contraire, et telle semble être la préférence de Mme Dolou[51], en redessinant une frontière assez nette entre l'objet du procès pénal et droit à réparation. Il a ainsi été proposé une réécriture de l'alinéa 2 en indiquant qu'une fois constituée partie civile, la partie peut demander réparation de tout type de dommage, une manière habile de montrer que la nature du dommage

---

[48] A. Maitre-Millat, L'exécution immédiate des décisions de justice, *supra,* p.182 et s.
[49] F. Dolou La place de la victime, *supra* p.117 et s.
[50] *Ibid.*
[51] *Ibid.*

réparable n'est qu'une question seconde, qui n'est pas déterminant de l'attribution de la qualité de partie.
La refonte ne semble ainsi pas pouvoir être opérée par un simple agencement de dispositions existantes comme cela a pu être effectué récemment, par voie d'ordonnance, pour la création du Code pénitentiaire. S'agissant du Code de procédure pénale, la tâche est bien plus complexe. A la définition de notions pour clarifier, il faudra aussi songer à joindre une réorganisation du plan du code pour espérer en rendre le maniement plus aisé.

II- Réorganiser pour simplifier

14. Faisant là encore œuvre de propositions, les contributeurs ont souligné les écueils à éviter dans cette réorganisation de la matière composant le Code de procédure pénale (A) et se sont même engagés plus avant, osant des suggestions de plan (B).

A- Les écueils à éviter

15. Le prix de la modernité - Dans son discours de présentation de son plan d'action pour la justice, M. Dupont-Moretti fixe comme objectif à la refonte : la simplification et la modernisation. Si le code doit être modernisé, la modernisation n'est pas sans danger de sorte qu'une modernisation modérée est à construire. Ainsi, il peut être intéressant de développer le recours au numérique par exemple avec le développement de la preuve numérique[52]. Cependant, encore faudra-t-il bien définir le régime des procédés. Les difficultés posées par le recours à la vidéoconférence dans le cadre de la crise sanitaire du Covid 19 doivent être présentes à l'esprit de ceux qui

---

[52] B. Drevet, *op. cit.* p.64.

s'aventurent sur ce terrain car l'efficacité qu'offrent les dispositifs numériques ne doit pas se faire en sacrifiant les droits des personnes. Il en est de même de l'essor de la dématérialisation et du « zéro papier ».
De même, il faudra se garder de rédiger des articles au contenu trop technique spécialement s'agissant de la définition des moyens d'investigation afin d'éviter des oublis ou l'emploi de termes trop vides désuets eu égard aux progrès des sciences et techniques. Certes, le principe de la légalité conduit, en procédure pénale comme en droit pénal, à exiger la présence de termes clairs et précis mais le recours à une formule neutre comme celle de « moyens permettant la captation d'images » a pu être suggéré par Mme Drevet afin d'éviter d'être contraint à légiférer dans quelques mois sur une dernière trouvaille de la technique comme on a dû le faire pour les drones en oubliant néanmoins le bon vieux caméscope[53]...

16. Le décalage de la pratique - On pourrait prétendre que le but d'un code n'est pas de répondre à une demande du terrain. Cependant, on ne peut ignorer que le code de procédure pénale est le code premier utilisé par les magistrats. Or, aujourd'hui, ce code ne reflète pas les pratiques. Une simple comparaison quantitative peut mettre en exergue le caractère désuet du code.
Ainsi, nombre d'articles sont consacrés à la phase de l'instruction, environ 200 articles dans le seul titre 1er du Code[54] - auxquels il conviendrait d'ajouter tous les articles consacrés à l'instruction dans la partie spéciale - alors que la phase de l'instruction ne représente qu'à peine 3 % des affaires selon le rapport Sauvé, bien moins donc qu'il n'y a que quelques années où elle occupait encore 10 % des

---

[53] B. Drevet, *op. cit.* p.54.
[54] C. pr. pén., art. 79 à 230.

affaires[55]. De même, un grand nombre d'articles sont consacrés à la cour d'assises en raison des spécificités de cette formation de jugement. Or, là encore, ces juridictions ne connaissent que d'une part infime du contentieux, une part, en outre, qui a vocation à être de plus en plus réduite depuis la création des cours criminelles départementales[56]. A l'inverse, très peu d'articles sont consacrés à des actes ou des modalités du quotidien[57] : les contrôles d'identité, la comparution immédiate, la convocation par procès-verbal. Un futur code devrait intégrer ce constat pratique et mieux organiser ces procédures de jugement à bref délai au lieu de les traiter de manière éparse dans le code et presque en catimini aux articles 393 et suivants. Il rendrait aussi mieux compte de ce qu'est en 2023 l'office du juge pénal, un juge qui de plus en plus souvent est en charge de l'homologation et non un juge qui tranche au fond[58] ...

B- De quelques préconisations

17. La chronologie du procès - Les États généraux de la justice ont émis l'idée de mettre les articles dans l'ordre chronologique de la procédure pénale. Mme Drevet a démontré qu'il convenait toutefois d'aller plus loin et de ne pas se contenter d'une harmonisation formelle[59]. Elle a invité le législateur à intégrer à cette réflexion la question des garanties qui entourent les différents moyens d'enquête afin de s'assurer que ces garanties soient bien graduées en

---

[55] En ce sens, T. David, *op. cit.* p.24.
[56] J. Dagon, *op. cit.* p.158-159.
[57] Pour des données quantitatives sur le recours massif à ces procédures accélérées, J. Dagon, *op. cit.* p.163.
[58] *Ibid.*
[59] B. Drevet, *op. cit.*p.57 et s.

fonction de l'intensité de l'atteinte portée aux droits fondamentaux des justiciables.

18. La dichotomie rénovée du général et du spécial - Tout le monde s'accorde sur la nécessité de revoir le titre 4 actuel qui comporte quelques procédures particulières. Mme Drevet s'est interrogée sur la manière de procéder pour une rationalisation du spécial et du général[60]. Faut-il tout généraliser ? La censure du Conseil constitutionnel à propos de la tentative de généralisation des techniques spéciales d'enquête, le 21 mars 2019, a montré que cette piste n'était pas exploitable. A l'opposé, il n'est pas non plus concevable de tout spécialiser. Il faut donc rester dans la mesure et rénover la dichotomie. Mme Drevet a ainsi proposé de compléter l'harmonisation formelle du code telle qu'elle a été pensée jusqu'alors par une harmonisation substantielle[61].

19. La révision de l'article préliminaire - Dans le même ordre d'idée, une retouche de l'article préliminaire est apparue à beaucoup nécessaire[62]. On peut même se demander si à l'image du Code de procédure civile, le temps n'est pas venu de remplacer cet article unique, aux allures d'article fourre-tout tant il est complété d'alinéas divers et variés au gré des réformes par un chapitre préliminaire qui serait l'occasion d'exposer voire d'opposer clairement les droits et devoirs de chacun dans le cadre de la procédure pénale. L'occasion devrait aussi être saisie d'ajouter à ce préambule du code un principe : la légalité et donc ainsi de rappeler l'interdiction d'accomplir des actes au demeurant utiles mais illégaux faute d'être régis par la loi. Éventuellement, pourrait aussi être faite une place à la solidarité en matière pénale avec la question de

---

[60] B. Drevet, *op. cit.,* p.47 et s.
[61] *Ibid.*
[62] C. Buchard, *op. cit.*

l'indemnisation publique prévue aux articles 706-3 et suivants du code comme a pu l'évoquer Flore Dolou[63]. On l'aura perçu, au terme de ce colloque bordelais et sans doute parce que les pénalistes sont aussi des processualistes, les emprunts et ou comparaisons avec le code de procédure civile ont guidé bien des suggestions faites au cours de la journée.

[63] F. Dolou, *op. cit.*

Table des matieres

Structures éditoriales du groupe L'Harmattan

L'Harmattan Italie
Via degli Artisti, 15
10124 Torino
harmattan.italia@gmail.com

L'Harmattan Hongrie
Kossuth l. u. 14-16.
1053 Budapest
harmattan@harmattan.hu

L'Harmattan Sénégal
10 VDN en face Mermoz
BP 45034 Dakar-Fann
senharmattan@gmail.com

L'Harmattan Cameroun
TSINGA/FECAFOOT
BP 11486 Yaoundé
inkoukam@gmail.com

L'Harmattan Burkina Faso
Achille Somé – tengnule@hotmail.fr

L'Harmattan Guinée
Almamya, rue KA 028 OKB Agency
BP 3470 Conakry
harmattanguinee@yahoo.fr

L'Harmattan RDC
185, avenue Nyangwe
Commune de Lingwala – Kinshasa
matangilamusadila@yahoo.fr

L'Harmattan Congo
219, avenue Nelson Mandela
BP 2874 Brazzaville
harmattan.congo@yahoo.fr

L'Harmattan Mali
ACI 2000 - Immeuble Mgr Jean Marie Cisse
Bureau 10
BP 145 Bamako-Mali
mali@harmattan.fr

L'Harmattan Togo
Djidjole – Lomé
Maison Amela
face EPP BATOME
ddamela@aol.com

L'Harmattan Côte d'Ivoire
Résidence Karl – Cité des Arts
Abidjan-Cocody
03 BP 1588 Abidjan
espace_harmattan.ci@hotmail.fr

Nos librairies en France

Librairie internationale
16, rue des Écoles
75005 Paris
librairie.internationale@harmattan.fr
01 40 46 79 11
www.librairieharmattan.com

Librairie des savoirs
21, rue des Écoles
75005 Paris
librairie.sh@harmattan.fr
01 46 34 13 71
www.librairieharmattansh.com

Librairie Le Lucernaire
53, rue Notre-Dame-des-Champs
75006 Paris
librairie@lucernaire.fr
01 42 22 67 13

www.ingramcontent.com/pod-product-compliance
Lightning Source LLC
LaVergne TN
LVHW010919061026
849535LV00007B/2134